普天之下・盡是好書

普天出版家族
Popular Press Family

凌雲 A-Plus Creative Company 文創

改變思考方式，才會有更好的出路

想改寫人生，就要適時改變自己的思考模式

黛恩 編著

戴爾・卡耐基曾經寫道：

「如果自己非常想要做的事情未能成功，不要立刻接受失敗，試試別的方法，因為你的弓不會只有一根弦，只要你願意找到另外的弦。」

人要懂得變通，要懂得順應環境調整自己的心境，改變自己的思考方式。

在快速變化的人生旅途中，或許你的腦海不時浮現一些自認為非常棒的想法，但是，如果不懂得順應環境，不懂得適時修正自己的思考方式，那麼可能就永遠找不到自己的人生出路。

• 出版序 •

改變思考方式，才會有更好的出路

面對失敗，要以變通的思維去規劃自己的未來，只要心中的信心未減，好好地實踐自己的致勝概念，機會絕對會俯拾可得。

席勒曾經寫道：「所謂人生就是一場夢幻，唯有適時改變心境的人，才能做出各式各樣的美夢。」

的確，只有勇於改變心境，才能改變自己的人生；只有勇於改變思考方式，才能找到自己的出路。改變或許是痛苦的，但生命中所有的轉變，都是從改變自己的心境開始。

莎士比亞曾經這麼說過：「假使我們將自己比做泥土，那就真要成為別人踐踏的東西。」

確實如此，態度會決定一個人的人生高度，贏家與輸家最大的差異就在於用什麼態度面對人生。一個人最終能否有所成就，是否過得快樂幸福，其實就看遇到種種失意挫敗之時，願不願意改變那些錯誤的負面心態。如果你一味地把自己視爲泥土，當然就註定一輩子要被別人踩在腳下。

伯尼在二十多年的職業生涯中，可說費盡了千辛萬苦，才坐到經理人的位置上，其中的艱苦實在很難爲外人明白。

這天，四十九歲的伯尼像往常一樣，拎著公事包去公司上班，途中他想著：「再做個十一年，我就可以安安穩穩地拿到退休金了。」

可是，他萬萬沒有想到，「今天」竟然是他在公司工作的最後一天。

「你被解僱了！」人事部經理對他說。

「爲什麼？我犯了什麼錯？」他驚訝地質問道。

經理無奈地回答說：「你沒有犯錯，只是公司最近營運不順，董事會決定裁員，如此而已。」

是的，理由就是這麼簡單，然而簡單的理由，卻讓熬了大半輩子的伯尼，一瞬間從受人尊敬的公司經理，變成了一名流浪街頭的失業者。

失落的日子，讓他過得很辛苦，爲了化解內心的痛苦、迷惘和精神壓力，他天天都會來到一間咖啡店呆坐，且一坐總是好幾個小時。

直到有一天，他遇到了一位同病相憐的老朋友亞瑟。兩個同樣遭到解僱的可憐人，雖然苦況相同，然而正因爲兩個人可以互相取暖、安慰，反而讓他們得到了尋求解決的動力與辦法。

「我們何不自己創辦一間公司呢？」

當伯尼忽然開口說出這句話時，也同時點燃了亞瑟的生活動力，特別是存在兩個人心中，未曾消失的激情與夢想，再次地被喚起。

於是，兩個人就在這間小小的咖啡店裡，策劃建立新的家居倉儲公司，他們多元運用自己累積出來的經驗與人脈，爲事業制定了一份發展規劃，和一個「擁有最低價格、最優選擇、最好服務」的致勝概念，並建立一套能成功實踐的管理制度，準備「展翅高飛」。

這就是美國家居倉儲公司，他們以二十年的時間，發展成爲擁有七百七十五家分店、十六萬名員工，與年銷售額三百億美元的全球化企業，爲全球零售業發展史上締造了一個新奇蹟。

然而，許多人都不知道，這個奇蹟之所以會誕生，乃肇始於二十年前的一句話：「你被解僱了！」

拿破崙曾經說過：「逆境這兩個字，只不過是那些沒有勇氣改變現狀的人，製造出來的護身符。」

的確，只要擁有改變現狀的決心和勇氣，那些所謂的「逆境」，其實只是進入順境的轉折點。儒夫把困難當做沉重的包袱，勇者卻把困難當做向前跳躍的墊腳石，正是這兩種不同態度造成有人身陷泥沼，有人步上康莊大道。

各種領域裡轉敗爲勝的例子，在在證明了，只要我們能夠在劣勢中改變原本的應對態度，找出克服困境的有效方法，我們就能夠逆轉對自己原本不利的形勢，獲得傲人的成功。

看著伯尼從失業的頹喪情緒，到決心重振旗鼓的高昂志氣，我們也看見了一個不變的道理：「機會始終都在我們的手裡，只要我們不放棄自己，隨時都能看見轉機。」

正處於失意、失業中的人，看見了這則案例，是否也得到了激勵與啓發？

作家萊辛曾經寫道：「我們之所以徬徨和無助，多半是因為我們遭遇困難的時候，不知道改變自己的思考方式。」

每個人的生活都難免遭遇困境，然而，所謂的困境，並不是無法跨越的絕境，而是我們一味誇大問題的嚴重性，不願意試著從不同的角度思考，自然找不到出路。眼前的困境，只要你願意動動腦，就一定能解決煩惱。

出版序 改變思考方式，才會有更好的出路

PART—1 改變方法，才能掌握圓夢的方法

不要讓夢想淪為空想，只有改變方法，才能掌握最正確的圓夢方法。把自己的夢明確地描繪出來，你才有機會在有生之年完成。

珍惜一切，生命就不再殘缺／20
改變方法，才能掌握圓夢的方法／25
勇敢選擇自己想過的生活／30
態度，決定人生的高度／34
認識自己，投入自己熱愛的領域／39
選擇自己的人生路，而後快意奔馳／43
讓自己的夢想一點一點實現／47
感謝支持你的人，支持你所愛的人／51

PART—2

抱怨越多，生命越短暫

當我們仔細地計較著生命時間時，也發現人生忽然變短了，但是我們卻還在浪費時間做白日夢，浪費時間發牢騷及埋怨。

選擇面對，才有成功的機會／56
每人都要學會釣魚的方法／60
抱怨越多，生命越短暫／65
人際互動從親情開始／69
發現需要，才能對症下藥／74
美麗世界需要用心彩繪／78
感謝在背後默默愛你的人／82
不要把勇氣用錯地方／86

PART—3

好運氣，來自積極的念力

好運氣是積極念力造就的成果。無論眼前的際遇如何，只要心裡懷抱著希望，就能夠讓我們吸引更多運氣。

心境調整好才能充分發揮潛能／90

好運氣，來自積極的念力／94

會動腦筋的人一定會成功／98

太過剛硬，只會不近人情／103

態度嚴謹自然能呈現完美／107

不試著摩擦，怎會有愛的火花？／111

了解失去的感受，才懂得珍惜所有／115

希望，就在你的手掌上／120

PART—4

不甘於平凡，就有可能不平凡

人生在世總有道不完的苦處，只有不怕吃苦的人才有苦盡甘來的時候。態度決定你的人生高度，只要下定決心改變，機會就會出現。

勇氣是成就未來的最佳利器／124
垂頭喪氣，如何找出生機？／129
連死神也怕咬緊牙關的人／133
除了速度，你還需要耐力／137
快樂的心境會感染別人／140
不甘於平凡，就有可能不平凡／145
成功的跳板就在我們身邊／149
每一個孩子，都需要父母關注／154

PART—5

何必用恨意折磨自己？

鎮日委屈自己，任由放不開的情愫折磨，其實只是自尋苦惱，除非你愛上那樣的滋味，否則何不放手讓彼此自由？

用感激的心情面對當下的環境／160
懂得變通，就能成功／164
何必用恨意折磨自己？／169
你必須學會和孩子一起成長／174
用心，才能突破瓶頸／178
讓友誼長久維繫下去／182
沒有說出口的愛，不代表不存在／186
得饒人處且饒人是一種寬容修養／190

PART—6

想圓夢，就要採取行動

時間隨時都會過去，我們真正能掌握的，就只有當下這一刻，如果希望看見夢想的明天，我們都應該從現在開始！

付諸行動才不會淪為癡人說夢／196
充滿鬥志，人生就有新的開始／199
只要肯面對就能走出困境／203
多給自己信心就能扭轉命運／207
思考寬度決定生命韌度／210
想圓夢，就要採取行動／214
讓自己成為「一流」的人物／218
別把才能用錯地方／222
不肯認真的人最愚蠢／225

PART—7

相信自己，就能成就自己

外在的形貌、性別甚至是年齡，都不會影響你我的成就與未來，因為影響成功的因素是我們的能力與自信。

主動出擊，才能搶得先機／230
充滿自信就會迷人／234
機會是自己爭取來的／239
相信自己，就能成就自己／244
創意，是成功的最大關鍵／248
猶豫會讓你失去先機／252
用心看待自己的生命／256
不努力，就會淪為生活的奴隸／260
衝鋒之前，請先催眠自己／264

PART—8

改變態度，才會過得幸福

每個人都有自己的行為模式，在愛情裡的空間，能夠相互體諒、相互配合，才是莫大的福氣。

找到自己的位置盡情演出／268
改變態度，才會過得幸福／273
記得把善意傳遞出去／278
與其猶豫不決，不如順從你的感覺／283
知道自己在做什麼最重要／287
不放棄，就一定有機會／291
改變想法，是修正錯誤的最佳方法／296
珍惜緣份帶來的幸福／300

PART—9

改變環境 就能改變人生

若要強迫他人依照我們的路子去走，枉顧他人的意願，那麼所得到的回應肯定只有反抗和虛情假意。

加深印象，才會留下好印象／306
挖空心思，就會有更多收入／310
別讓腦袋長滿青苔／314
看透事理，才不會被謊言蒙蔽／317
改變環境就能改變人生／321
即使是小處也絕不馬虎／326
將挫折轉變成向上的力量／330
即使遭逢困境也要記得微笑／334
想抄襲，也要有一點創意／339

PART—10

有足夠的耐心才能美夢成真

當你有了足夠的耐心，有了吃苦的決心，有了堅持的毅力，那麼，你想要的夢想，才有可能經你的手進而變得真實。

掌握效率，才能贏得先機／344
失敗比成功更快樂？／347
用同理心來說服別人／351
尊重別人就是保全自己／355
有足夠的耐心才能美夢成真／361
等待機會不如尋找機會／365
以平常心看待福禍／371
第一印象就是征服的力量／375
愛要延續，得靠兩個人一起努力／380

PART 1

改變方法，才能掌握圓夢的方法

不要讓夢想淪為空想，
只有改變方法，
才能掌握最正確的圓夢方法。
把自己的夢明確地描繪出來，
你才有機會在有生之年完成。

珍惜一切，生命就不再殘缺

即使失去一樣感覺，依舊可以獲得和別人一樣多的幸福。我們又如何能夠不善用已擁有的一切，為自己贏得更多的幸福呢？

有一部電視劇，劇中的女主角罹患了一種少見的疾病，全身的肌肉會漸漸失去控制力，最後無法行走、無法說話，甚至無法吞嚥、無法消化。當醫生宣布她罹患了這種病之後，無疑爲她宣告了死期。

然而，這個女孩還是依靠著樂觀的生活態度，走過短暫的一生，她留下的日記，鼓舞了許多人的心。

大部分的人都擁有一副健康的身體，可以自由自在地活動，可以自由決定要

如何生活。但是，也有一些人，在出生的那刻，或是小的時候，身上的某種能力就被剝奪，先天的殘缺致使他們必須以較少的生命籌碼面對生活。

然而，他們並不因爲籌碼短少就自暴自棄，他們比正常人更清楚：只要珍惜自己擁有的一切，生命就不再殘缺。

喬治·坎貝爾出生的時候就因爲罹患先天性白內障而雙目失明，當時的醫療技術，對於這種先天性的疾病還沒有治療的方法。不過，看不見東西的喬治在雙親無微不至的照顧下，生活並沒有任何難題，反而特別幸福，因爲他從不知道自己失去的是什麼。

喬治六歲的時候，有一天和媽媽一起到公園散步，一個小朋友跑過來丟球給他，想和他一起玩球，結果喬治的母親還來不及阻止、說明，那顆球已經敲上他的額頭。

喬治說：「媽媽，有東西打我的頭。」

雖然喬治沒有受傷,但是,他的母親知道必須把一切眞相對他說明。

於是,她溫柔地抓住喬治的手說:「喬治,你坐下,媽媽跟你說,你的眼睛看不見。」

喬治當然不明白什麼是看不見,因爲他從來沒有「看見」過。

他的母親繼續抓著他的手,扳開一根又一根手指說道:「一、二、三、四、五,每個人都有五種感覺;你有聽覺,所以聽得見媽媽說話;你有嗅覺,所以聞得到好香的蘋果派;你有味覺,所以吃得出蘋果派甜甜的味道;你有觸覺,所以摸得到媽咪和爹地,也摸得到拿得到東西。」喬治的母親一邊扳著他的手指一邊解釋。

「可是,親愛的,你沒有視覺,所以你看不見媽咪,也看不到其他東西。這是你和其他孩子不一樣的地方。」喬治的母親繼續說著,「然而,寶貝,你要明白,雖然你沒有視覺,但是只要你好好運用其他四種感覺,你就可以和大家一樣生活。」

喬治的母親把一個球放到喬治手中,讓他分別用不同的四個指頭握球,喬治合攏了手指便抓住了球。

「對，你抓到了。即使只用四根手指，你還是能抓球，喬治，不要忘了，只要你好好地運用其他四種感覺，你就能夠抓住你的幸福。」

這一句座右銘，讓喬治充滿陽光地度過生命的歲月，他雖然失去視覺，但人生卻沒有因此黑暗。

我們經常會爲自己缺乏的事物感到沮喪，有時候甚至沮喪到忘記自己究竟擁有了哪些。

人在獲得的時候，會感到滿足與快樂，但隨著滿足與快樂的時刻過後，相同的獲得可能就不再達到相同的效果。相反的，人面對失去的時候，感受到的沮喪和難受，卻會隨著每一次的失去一再加重。比起擁有，我們對於缺失的容忍度相對少很多。

就好像故事裡的喬治，還不明白自己缺少視覺之前，不曾因爲看不見這件事感到難過，一旦明白了這一生都看不見別人能看見的事物時，遺憾和沮喪必然會充斥他的內心。然而，喬治的母親帶給他一個法寶，讓他知道，即使失去一樣感覺，依舊可以獲得和別人一樣多的幸福。

這個法寶，幫助他度過生命中的許多難關。

珍惜一切，生命就不再殘缺。我們擁有的可能比喬治還多更多，又如何能夠不善用已擁有的一切，為自己贏得更多的幸福呢？

改變方法，才能掌握圓夢的方法

不要讓夢想淪為空想，只有改變方法，才能掌握最正確的圓夢方法。把自己的夢明確地描繪出來，你才有機會在有生之年完成。

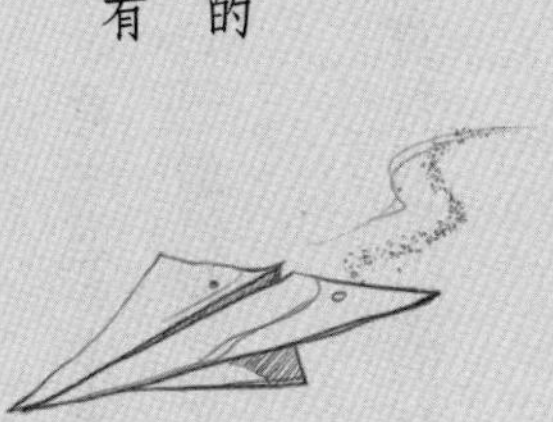

學生時代，常常遇到「我的志願」、「我的夢想」和「我最想做的一件事」……之類的作文題目。上作文課的時候，有人寫來洋洋灑灑，有人爲了擠出一篇文章而絞盡腦汁，大家都認眞地寫出自己的心聲，只是，多年以後，你還記得多少當年的理想？

我們都對自己有不少的期許，不管做得到、做不到，每個人心裡總有些自己眞正想做的事。有人盼望有生之年一定要到自己嚮往的國度旅遊，有人期望自己能夠在三十歲之前賺到第一個一百萬，有人想買一棟自己的房子，有人希望和心愛的人共度一生……

夢想，一直在每個人的心裡圍繞，只是有些夢能夠實現，有些卻永遠只是夢境，爲什麼？

有個作家列出一張單子，記錄著自己死前想做的九十九件事。這個做法引起了許多迴響與效法。

溫迪．威廉姆斯也有自己的一張清單，記錄著死前想做的五十件事。他之所以列出這張自己的清單，是受到朋友的影響。

當時他和朋友逛街，結果這個從來沒拿過畫筆的朋友，竟走進一家美術用品店，買下一整套畫具。溫迪很好奇朋友的舉動，朋友表示自己最近報名了水彩繪畫班，這幾天就得開始上課，所以需要畫具。

經過溫迪一再追問，朋友才語帶保留地說他決心開始實行清單上的計劃。溫迪問：「什麼樣的清單？可以借我看看嗎？」

朋友說：「那是我決定死前一定要做到的五十件事，不太方便借你看，不過，你可以試著列張清單，然後你就會明白了。本來，我覺得人生蠻無聊的，每天辛苦工作卻不知道是爲了什麼，不過，現在我決定把我的生命拿來完成那張清單。」

溫迪對朋友的決心感到好奇。其實，他對生活感到乏味已不是一日兩日的事了，儘管心中仍有夢想，有許多事想做，但總找不到時間來做。他照著朋友的建議開始條列自己的清單，剛開始列了幾項看起來不是挺容易達成的目標，比如四十五歲退休、全家到國外旅行十次……等等，但是這些遙不可及的夢想，塡來塡去也不過一、二十項。

接下來，溫迪開始回憶自己年少時的夢想，發現有些事情其實放在心裡很久了，像是學開怪手、栽培出某個品種的玫瑰、在學校教書……等等。這些事，認眞想起來，似乎不是完全不可能達成。不管是在教會當義工或是攻讀研究所，都是只要下定決心就可能達成的。

洋洋灑灑列出了近五十件想要做的事情清單，突然溫迪對自己有了更多了解。

因爲，那些事情如果眞的都想在有生之年做到，那麼有些事勢必得從現在起開始著手不可，他根本沒有時間自怨自嘆。

溫迪完成自己的清單，而且決心逐步完成清單上的任務之後，生活確實有了改變。現在，他每天下班回家都有事可做，而不是呆坐在電視機前面一遍又一遍狂按選台器。生活雖然變得忙碌，但是因爲忙的都是自己想做的事情，相對得快樂似乎也多了不少。

不同的態度，造成不同的人生高度，也讓人走向不同的人生道路。眼前會發生什麼事情，或許不是我們可以左右的，但是，我們絕對可以藉由改變自己的思考方式，讓自己心想事成。

想去的地方，只要制定計劃，去得成的可能性相對會提高許多。

有了奮鬥目標，爲了要邁向成功，再多的難關，咬著牙也會撐過去，再多的難處也可以忍耐。

同樣的，有了努力的方向，成功的機率也勢必高出許多。

當夢想被具體化爲實際目標後，才可能規劃出明確的實行步驟，也才可能有夢想成眞的機會。

不管你的夢想是什麼，都要試著把夢想當成目標書寫下來，提醒自己還有什麼事要做，還有什麼地方必須努力，夢想才不會一直漂浮在雲端。

不要讓夢想淪爲空想，只有改變方法，才能掌握最正確的圓夢方法。把自己的夢明確地描繪出來，你才有機會在有生之年完成。

勇敢選擇自己想過的生活

一輩子為別人而活的人生，真的是我們想要的嗎？勇敢地活出自己，也許才是我們生命中最重要的選擇。

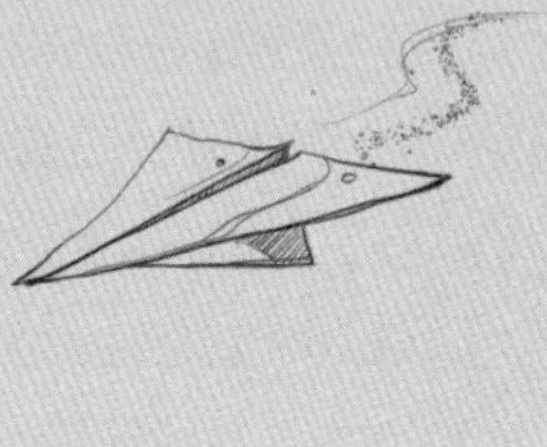

人生要過得快樂，就一定要追求自己認定最有意義有意義的生活，唯有內心世界感到充實，人才會充滿喜樂。

如果一個人被迫去做他不樂意的事，那無疑是一種懲罰；如果一個人被迫不能進行他喜愛的活動，那無疑也是一種懲罰。

能夠勇敢面對自己眞心的人，或許會被人認爲是傻子；但是，對他們而言，不選擇自己眞正想要的生活，才是眞正的瘋子。

亞歷山大．布洛克的祖父是一名音樂教授，在史普林希爾學院執教四十年，雖然工作期間十分受到學校師生的敬重與喜愛，但是薪資卻很難維持一大家人的生活開銷，如果不是亞歷山大的祖母懂得持家理財，布洛克一家非得挨餓不可。所以，在布洛克家裡，只要一提起音樂，所有的人就會立刻想起那段苦哈哈的日子。

這也使得，亞歷山大念大學的時候，他的父母堅持要他念商學院，不准他進音樂學院攻讀小提琴。後來，家裡的經濟狀況變差，亞歷山大不得不休學工作，以維持家計。

事實上，亞歷山大並不認爲經商不好，只是他志不在此，不願意投入這個領域，因爲對他來說，從事商業工作唯一的價値就是換得金錢，除了錢，每天的工作只是在努力忍受而已。

他開始覺得自己正在浪費生命，可是，他也清楚家裡的環境尚不足以容許他任性，所以，他對自己的期許就是努力賺得更多的錢，等存夠了錢，就要到歐洲去學音樂。

於是，他開始每天提早兩個小時早起，先到頂樓練習小提琴，然後再走路去公司上班，在路上囫圇吞下母親爲他準備的早餐，中午則只去附近便宜的餐館草草用餐，有靈感的話就把自己創作的曲子記錄下來。至於晚上，則絕不和同事去應酬，也不參加任何聚會。

終於，亞歷山大存足了錢，家裡的經濟狀況也日漸好轉。於是，他毅然決然地辭去自己的工作，就像一隻放飛的鳥，也像剛出獄的囚犯，興高采烈地搭上前往歐洲的輪船。

在歐洲學習音樂的生活並不輕鬆，亞歷山大的日子過得刻苦，卻活得自在快樂，因爲他可以鎮日沉浸在最喜歡的小提琴和音樂裡。縱然他沒有金錢，也沒有富裕的生活，但是，他選擇了金錢交換不來的精神滿足。

或許有些人認爲他瘋了，但是亞歷山大卻以爲，如果不能擁有現在的生活自得和心中的理想，那才是不折不扣的瘋狂。

社會對於成就，自有一番定論，什麼樣的人算是成功人士，擁有什麼樣的成就才算是眞正的成功，從一般大衆的認知裡不難找到答案。但是，我們是否問過自己，眞的認同這些標準嗎？

矛盾的是，不少人發現自己的答案和所謂社會價值不同的時候，往往會隱藏自己眞正的意向，選擇依附大衆的標準。然而，做出這樣抉擇，我們眞的會快樂嗎？做一個僞裝自我的人，眞的能夠笑得開懷嗎？

究竟是爲別人而活，還是爲自己而活，會讓我們感到眞正快樂？或許你我心裡都各自有答案。如果，我們不得不暫時爲別人而活，那麼，是否也該爲自己設下一個底或期限？這意謂著我們仍舊在乎自己，意謂著我們依然追尋著內心深處最熱切的渴望，如此，我們便能安心地繼續過完眼前的生活。

一輩子爲別人而活的人生，眞的是我們想要的嗎？勇敢地活出自己，也許才是我們生命中最重要的選擇。

態度，決定人生的高度

只要我們能給自己多一點耐力和毅力，辛苦地爬完了上坡路段之後，接下來自然能輕鬆自在地往成功的終點走去。

俄國文豪契訶夫曾經說過：「人的眼睛，在失敗的時候，方才睜了開來，看見成功的曙光。」

這句話告訴我們，成功經常會成爲下一次失敗的原因，當然，任何失敗也都可能因爲智慧和努力，而成爲下次成功的開始。

生活上一定會遇見困難，那是因爲每一個困難都是成功的助力，你是否也能如此看待，決定權就在你手中。

紮實地累積自己的實力吧！不論遇到多少風雨，我們都一定能親手將雲霧撥開，讓希望的陽光再展笑容。

二十歲時，史東來到芝加哥，準備經營一家保險經紀公司，當聯合保險經紀公司註冊完畢之後，他立即聘僱近一千名的員工。

史東讓他們接受約一週的訓練，便分別將他們派往各州，並授予行銷經理的頭銜，他還將地方經營權，全都交由這些行銷經理掌管，由他們親自領導新進的行銷員，培訓自己所需要的助理人才。至於芝加哥總部，也留下了幾名助理，協助史東管理來自各分店的訊息與業務。

以爲一切都在掌控之中的史東，卻沒料到接下來竟遇上了美國經濟大恐慌，原本積極前進的事業，一夕之間跌到了谷底，因爲大家都沒有錢買保險，連最基本的意外險與健康險都保不起。

面對這突如其來的意外狀況，史東的事業面臨了極大的生存危機。

決心不放棄的他，努力地想出了激勵自己的座右銘：「只要你願意用樂觀與決心面對這一切，那麼你一定能重新再站起來！」

不一會兒，他又寫下了另外一句：「銷售是否能成功，決定權在於推銷員，不是在於顧客。」

為了不讓自己的座右銘變成空洞無用的口號，他決定走出辦公室，親自到紐約市區推銷。一個月後，史東將成績帶回總公司與其他人分享，所有員工無不佩服他的能力。

在這麼蕭條的時期，他竟然能讓每天的成交量，達到鼎盛時期的成績。

原來，在二〇年代初期，保險業剛剛開始進入民眾的生活中，市場自然十分龐大，他推銷得十分順利，所以在推銷員的工作心態上，史東並沒有特別注意，也沒發現新的行銷技巧，直到危機出現時。

從那一刻開始，他才發現，原來態度才是行銷人員的首要，特別是在他親自上場後，更能體會出問題所在。

從此，史東開始進行他的行銷講座時，第一課都是向業務人員詳細說明如何培養積極的工作態度，並找出最適當的行銷手法！

史東以將近二年的時間到各分部演講，並親自陪同業務人員去推銷，也一再證明一點：「決定權就在我們的手中，不在顧客們的身上！」

在美國經濟的低點，史東積極突破困難與瓶頸，當美國經濟復甦時，他的事業同時也站上了高峰。

作家白朗寧曾經寫道：「一時的成就，通常以多年失敗為代價。」

的確，想要不經過艱難曲折和挫折失敗，就能功成名就的想法，往往只是癡人作夢的幻想。

你還是習慣等待別人的回應，然後才進行下一個步驟嗎？

「決定權就在你手中！」這是史東突破困難後的成功心得，更是每個人在面臨困難時，應當建立起來的正確態度。

面對未來生活上各種困境，我們都要給自己這樣堅定的信念，人生道路原本就會有崎嶇之處，當然也一定會有平坦筆直的路段，只要我們能給自己多一點耐力和毅力，辛苦地爬完了上坡路段之後，接下來自然能輕鬆自在地往成功的終點走去。

我們可以試著想像一下，當困難被我們視爲阻力時，慢慢地心中也開始感受到了恐懼，反之，當我們將困難視爲難得的挑戰時，很快地我們渾身便充滿了積極的戰鬥力。

將這兩種感受仔細比較之後，聰明的你應該知道要怎麼選擇了吧！

認識自己，投入自己熱愛的領域

改變態度，才能改變你的人生高度。靜下心來探討自己不如意的原因，真切地去體認自己的特質，才能找到那一條讓自己發光發熱的道路。

很多人不喜歡批評家，認爲這種人就是喜歡找碴，只會胡亂批評，開口沒有半句好話。

可是，換個角度想，批批何嘗不是一種鞭策的力量？

不少優秀的批評者，其實極度深愛他們批評的領域，往往帶著某種程度的深情來看待被批評的對象。如果願意用正面的態度面對，就不難發現，每一句批評的言語，背後都是許多的希望和渴盼。

小羅伯特·派克是個品酒家，年僅三十九歲就在製酒界具有舉足輕重的地位。他原本是一名律師，壓根沒想過自己會從事和酒相關的職業。他和酒結緣是因為二十歲的時候，經常去史特拉堡探望在那裡就讀大學的未婚妻。那時他最愛喝的飲料是可樂，不過，在史特拉堡大學附近想喝一杯飲料，得花上一美元，於是，他們只好改喝比較便宜的葡萄酒當作佐餐飲料。

後來，派克一頭栽進葡萄酒的世界，開始認識各種不同的酒種、發酵方式等等，不但努力查閱各種資料，而且還親自到各個酒莊參觀，品嚐各種葡萄酒的風味，漸漸地累積了各種知識和鑑賞的品味。

接著，他開始發表一些酒類通訊的報導，把品嘗各種酒類的評價記錄分享給讀者。這份報導《暢飲者》在三十七個國家裡擁有一萬七千三百多名訂戶，而且訂戶的數量每個星期都在增加。至於派克所寫的第一本酒類評論書《波爾多》也在美國狂銷近七十萬冊，還在法國和英國出版上市。

許多酒商開始把派克對酒的評語印在廣告上，顯然表示他的評論對製酒業有著極大的影響力，同爲品酒師的前輩休．約翰遜甚至公開表示：「派克的影響比我還大。」

派克離開了律師工作，開始全心投入品酒事業，把絕大部份的時間和金錢都花費在品酒上，這樣的投入產生相當驚人的成果，他對酒的品評甚至足以影響市場的變化。

一名紐約的酒商米歇爾．艾隆就強調，不只酒類零售商受派克的評論影響，他的建議甚至能夠使釀酒商做出抬高價格或是提前下架的行動。不少釀酒商爲了從派克口中得到良好的評價，更費盡心力釀造出最好的葡萄酒。

得到這樣的聲望，派克並沒有得意忘形，總是謙遜地說：「我並不想成爲毀掉人們飲酒樂趣的主宰者，我只是愼重地在從事這份工作，而且我要做上一輩子。」派克甚至聲稱，他將永遠不會對品酒感到厭倦。

這是一名品酒師對自己的志業懷抱的理想，顯然，當一個人將全部的身心靈都投注在某一個向度上，就能夠產生一股任誰都無法漠視的力量。

有些人總是抱怨自己的成就不如人，沒有錢，沒有地位，沒有成就。可是，我們回過頭來想想，有多少人是天生就擁有錢、地位和成就？那些天生擁有的人，又有多少眞正因此發光發熱？

不可諱言的，有些人老天爺賞飯吃，讓他們很早就能嶄露頭角，平步青雲，從某個角度看來得天獨厚，但是，假使這些人未曾徹底發揮自己先天的才幹，試問又如何受人矚目？

有「籃球之神」之稱的麥克·喬登，有一陣子想要轉換跑道打棒球，或許他的人生資源足以供應他投入任何一個想要投入的領域，但是棒球場上的喬登和籃球場上的喬登，卻不可能會有相同的光彩。

不要老是抱怨和嫉妒，唯有改變態度，才能改變你的人生高度。靜下心來探討自己不如意的原因，眞切地去體認自己的特質，捫心自問自己的喜好，你才能找到那一條讓自己發光發熱的道路。

選擇自己的人生路，而後快意奔馳

能夠在自己選擇的道路上快意奔馳，腳踏實地參與自己的生活，體會生活中的快樂與痛苦，這樣的人生才不會平淡無味。

不是每個人生來都能一路過著風平浪靜的生活，我們總會在人生的旅途上遭逢一些困難與障礙。有時我們想振翅高飛，卻突逢狂風驟雨；有時我們打算快步疾行，卻被地上的淺坑絆倒；生命中總有許許多多的歷練提醒我們，人生其實並不容易。

可是，我們是否就該放棄這不容易的人生呢？如果，人生一路都風平浪靜，只有一望無盡的藍色海洋，會不會減少了幾分刺激與樂趣？

歷經過險濤的衝擊，不只平安度過難關的情緒讓人心安，那份經歷過冒險的體會，往往會讓人縈繞著熱血沸騰的感覺。

威廉·吉爾蘭德的父親結束了近三十年的郵差生涯。

在這之前的日子裡，每個禮拜有六天的時間，他必須跋涉喬治亞州東北方的山區，挨家挨戶地送信。

在偏遠的山區裡送信，辛苦可想而知，有些地方連車子都過不去，只能靠雙腳行走，有些地方得走上好幾公里才能把信件送到。但是，威廉的父親並不曾爲自己的工作抱怨，即使到了退休的年齡，終於離開工作崗位，不再需要每日長途跋涉，他仍然經常回想起那些在山區裡送信的日子。

經常有人對威廉的父親說：「辛苦了一輩子，現在退休了，終於可以好好放鬆自己享享清福。」認爲他現在既有安穩的家庭，又有豐厚的退休金，應該好好地享受生活。

可是，威廉的父親卻不以爲然，總是回答：「這幾十年來，我可是每一天都在享受生活呢。」

威廉的父親回憶起過往，認爲自己一生中最快樂的日子，不是終於得以退休的時刻，也不是在終於賺到他們家第一棟房子的時候，反倒是他們全家一起窩在一個小套房裡，而他每天拚了命工作的時候。他覺得，自己當時渾身充滿了活力，每天頂多睡四個小時，卻從來不覺得累。在那個年代，家裡的經濟並不寬裕，可是每當全家人累積了一筆小小的財富，一起歡樂慶祝，那時的快樂，在現回想起來，是分外令人感到愉快的記憶。

現在，威廉的父親每天過著清閒的退休生活，反倒一點也不想輕鬆享受，而是想辦法要多找些事情來做。

他總是說：「現在我一醒來就想著，我要如何努力追求新的事物，因爲每過一天，我可以學習和探索的機會就又少了一點。」

一個人在生活中，能夠一貫保持著徐徐前行的態度，那樣的人生，應當是時時刻刻充滿著希望和樂趣的吧？

如果可以走平坦的康莊大道，大概沒有人喜歡顛簸或崎嶇不平的道路。但是，人生路不是尋常的道路，如果生命中沒有任何一點起伏，又有什麼意思呢？假使事事都順心如意，人眞的會感到滿足嗎？一個充滿挑戰的人生，恐怕才會讓人更加意氣風發。

或許，人生眞正的意義並不在於馬到功成的一刻，而是在策馬奔馳的過程。能夠在自己選擇的道路上快意奔馳，腳踏實地參與自己的生活，體會生活中的快樂與痛苦，這樣的人生才不會平淡無味。

讓自己的夢想一點一點實現

相信自己的選擇，也為自己的選擇努力，那麼，美夢結成的果實，就會受到汗水和淚水的浸潤而變得更加甘美。

夢想如果永遠只停留在空想的階段，那麼就只會是白日夢而已。

但是，如果我們有勇氣，願意給自己更多機會，或許夢想就會帶給我們截然不同的感受和快樂。

英國作家彌爾頓曾在他的名著《失樂園》這麼提醒我們：「快警醒，快起來，否則將永遠沉淪了。」

一個不能當機立斷主宰自己生活的人，永遠也無法實踐自己的人生夢想，只會逐漸淪爲生活的奴隸，整天坐著唉聲歎氣。

安妮．弗恩斯是個喜歡做夢的女孩，即使已經是三個孩子的媽，還是會在刷鍋洗碗的時候，想像自己正在參加最佳電影女主角的頒獎典禮。搭火車的時候，她也會想像自己正坐在南太平洋斐濟群島的度假飯店陽台上，一邊喝著雞尾酒，一邊創作最新的一本暢銷書。

白日夢雖然縹緲迷濛，卻能讓人自得其樂。她可以暫時忘記自己有個家要照顧，有三個頑皮小鬼得設想，可以自在地在想像之中獲得樂趣。

有時候，上天會不經意地給人一份禮物，幫助人夢想成真。

安妮正好遇上一次這樣的機會，意外地獲得一筆遺產餽贈，這意味著她有機會讓自己的某個美夢成真。

幾經考慮，安妮決定開一家舊書店。

之所以會想開書店，是因爲安妮一直對閱讀有著濃厚的興趣，而且從中學時期起就夢想有一天要擁有一家自己的書店。

下定決心付諸行動之後，事情似乎沒有想像中困難。安妮找到一個地點不錯的小店面，而後一連串的工作讓她忙得不亦樂乎，買書辦書、釘架子、畫海報，總算讓她的小舊書店看起來有模有樣。

書店開張的那天，親朋好友都前來道賀，但坦白說，沒有一個人相信安妮的書店可以長久經營下去，或是有什麼樣的盈利。然而，安妮決定給自己的夢想多一點時間和機會。

幾年下來，安妮的書店雖然沒有成長成更大的規模，倒也沒有悽慘到必須關門大吉。最重要的是，經由這家店，安妮認識了許許多多愛書人，也結交了不少和她同樣喜愛舊書的朋友。

每當安妮看見有客人在她的店裡找到尋覓已久或是愛不釋手的書，那種表情就是心中極大的安慰。

安妮把資產投資在自己的夢想裡，儘管這個夢想並沒有爲她帶來豐厚的經濟收益，但是她從來不曾爲自己的行動感到後悔。因爲，在這家小小的舊書店裡，她得到遠超過金錢所能帶來的快樂。

有時候，我們總以爲夢想距離我們很遙遠，我們總以爲實現夢想是一件極度困難的事，甚至以爲容易實現的便不能稱之爲夢想。那是因爲，我們替夢想設定了過高的門檻。

美夢成眞是件令人興奮的事，更是一件値得肯定的事。

相信自己的選擇，也爲自己的選擇努力，那麼，美夢結成的果實，就會受到汗水和淚水的浸潤而變得更加甘美。

我們不用設定遙不可及的夢想，盡可能讓自己的夢想可以一點一點實現。如此一來，只要踏出第一步，我們和夢想的距離就能縮短一步。

感謝支持你的人，支持你所愛的人

在我們的背後，都有深愛我們的人為我們加油；相對的，該我們為他們加油的時候，可千萬別吝嗇、推託。

實現夢想的道路上，阻礙是在所難免的，麻煩的是有些阻礙來自於我們周邊的人，更麻煩的是，這些阻礙我們的人可能對我們非常重要。

遇到這種狀況，我們該怎麼辦？是該放棄，順從重要的人？還是努力說服對方，把阻力轉爲助力？

一直參與劇團練習的雪莉，在公演前兩個星期突然表示她必須放棄演出，在場的同仁都感到很訝異。因爲，雪莉婉拒演出的原因並不是她生病或家裡發生什麼嚴重的事，而是她的男友大衛認爲她參加劇團演出占了太多時間。大衛的意思很明確，雪莉該做身爲一名足球隊員的女友該做的事：在他練球結束之後，送上毛巾、三明治。

導演尤金對於雪莉的狀況感到很頭痛，距離公演只剩兩個禮拜，而且雪莉一直把她扮演的角色詮釋得很好，一時之間叫他到哪裡去找人替代？

於是他決定對雪莉說實話：「雪莉，快要公演了，那個角色妳演得眞得很好，我沒辦法找到可以取代妳的人。」

雪莉聽了，眼睛發亮地說：「眞的嗎？」可是她一想起大衛，眼睛裡的光彩就又黯淡了下來，「可是，尤金，我還是得退出公演。」

尤金苦口婆心地說：「雪莉，聽我說，每個人都應該做自己擅長的事，妳是個好演員，應該要演戲。我想，大衛一定也能明白這點，他自己不是也很愛踢足球嗎？」

雪莉點了點頭，尤金又繼續說：「大衛知道妳戲演得很好嗎？他有來看過妳的彩排嗎？我敢打賭，妳一定是他的頭號球迷。」

雪莉說：「是啊，我是。」

尤金則回一句：「那他也應該是妳的頭號戲迷才對。」

終於，第二天雪莉繼續參加演出排練，大衛則在某一天晚上怒氣沖沖地衝進排練室打算找尤金算帳，幸好現場沒發生嚴重衝突。而後，聽說大衛換了新的女友，但雪莉並沒有失戀的悲傷，臉上的笑容反倒越來越燦爛迷人。

這次公演，雪莉的表現果然可圈可點。

的確，正如尤金所說，每個人都應該做自己擅長的事，在自己擅長的領域積極發展。如此，不但比較容易獲得成就感，相對的也比較容易得到成功。

每個人都和大衛一樣，希望自己重視的人能夠無條件支持自己，無條件成爲自己的後援，爲自己的努力加油。但是，換個角度想，我們是否也應該懂得投桃報李，對我們重視的人一樣支持？

尤金的提醒，讓雪莉頗有感悟，她一直將大衛視爲最重要的存在，甚至可以爲了他捨棄極爲重要的事物，然而，大衛並沒有和她有相同的看法。由此，雪莉看出了他的自私和不成熟，也看出自己內心眞正在乎的關鍵。

我們可能沒有辦法實際協助心愛的人成功發達，但是，至少可以成爲對方心靈上的重要的支柱，給予對方支持，而不是落井下石。

一個成功男人背後，必定有一個無怨無悔的女人。相同的，一個成功女人背後也必然有個傾力支持的男人。

事實上，在我們的背後，都有深愛我們的人爲我們加油；相對的，該我們爲他們加油的時候，可千萬別吝嗇、推託。

PART 2

抱怨越多，生命越短暫

當我們仔細地計較著生命時間時，
也發現人生忽然變短了，
但是我們卻還在浪費時間做白日夢，
浪費時間發牢騷及埋怨。

選擇面對，才有成功的機會

相信自己潛能無限，也珍惜你生活中的任何機會，那麼即使失敗了，你也不會有遺憾與煩惱。

在最困苦的時候，偉大的音樂家貝多芬曾經這麼說：「我要捉住命運的咽喉，它休想教我屈服！」

無論如何，請記住貝多芬的這句話，不管眼前的生活多麼困苦，我們都不該聽任命運捉弄，因爲眞正能掌握自己的人，只有我們自己！

耶誕節到了，原本是最快樂的時刻，卻見弗蘭克斯少校滿臉愁容凝視著聖誕樹，不停地嘆息。

原來，他想起了七個月前在柬埔寨時，害他失去雙腿的那場意外。畢業於西點軍校的他，曾經下定決心要終身從軍，但是以現在的情況，似乎唯有提早退伍，才是最正確的選擇。

一想到自己再也不能英姿筆挺地站立，更無法繼續從軍，學習作戰經驗、技術知識等等，躺在病床上的他，只有無盡感嘆。

不過，最讓弗蘭克斯難過的是，他從此再也不能在棒球場上一展雄姿了，因為只要他一擊中棒球，便會有一位隊友立刻代替他跑壘。

有一天，弗蘭克斯坐在休息室，看見一位隊友用滑行的姿勢進到三壘，他忽然對自己有了信心：「相信我也可以親自站上壘包！」

弗蘭克斯再次上場打擊，只見他一棒揮出後，便立即叫代跑者讓開，自己賣力地往前衝，當他發現球就快進二壘手中時，即咬緊牙根，閉上了眼睛，拼命似地往壘包的方向衝去，最後一頭滑到壘包上。

當裁判高喊「安全上壘」時，現場立即歡聲雷動，弗蘭克斯更是開心不已。

幾年後，弗蘭克斯已經晉升爲四星上將，他說：「當年長官也曾懷疑我的能力，但是正因爲這雙義肢，讓我與士兵之間的關係更加密切，而我也從這義肢中明白，人生是沒有限制的，除非你自己侷限了自己！」

人必須活在當下，把握生命的每一剎那。不要老是抱怨自己爲何遭逢那麼多挫折，爲何人生路走得那麼坎坷，只要你願意放下這些負面的想法，就會找到屬於自己的幸福快樂。

有人說幸福的最大敵人就是痛苦，其實，要是沒有經歷過痛苦，人又如何珍惜得來不易的幸福？

試著放下痛苦，不再讓過往的失敗、挫折侷限自己，而要充分利用短暫的生命，積極開創下一個階段的人生。從自怨自艾的情緒中走出來，因爲，它永遠不會幫你找到幸福。

你還待業中嗎？失業的原因，是公司開出的條件限制了你，還是你自己開出的條件侷限了自己？

就像弗蘭克少校所說的：「只要性命還在，生活就有機會，每個人也都有無限發展的可能。」

當你看見條件苛刻的徵才要求時，千萬別心生退縮、裹足不前，如果連爭取的企圖心都沒有，你又怎麼料得到，原來他們的苛刻條件，是用來刪除那些沒有自信的人？

無論遭遇什麼困境，只要你願意給自己多一點挑戰的勇氣與決心，相信自己潛能無限，也珍惜生活中的任何機會，那麼即使失敗了，你也不會有遺憾與煩惱，因爲，你知道：「下一次，我一定會成功！」

每人都要學會釣魚的方法

真正懂得「救助」意義的人，不會一味地將魚兒送給等待救助的人，會告訴他們如何獨自站起來，並教他們如何自助助人。

英國作家斯特弗森曾經在著作中寫道：「希望是永恆的喜悅，它就像人類擁有的土地，年年有收穫，是用不盡的、最牢靠的財產。」

的確，人活著就必須充滿希望，才不會渾渾噩噩得過且過，才不會想出各種藉口爲自己的懶惰開脫。

只要我們心中充滿希望，就會積極設定人生的目標；爲了達成目標，就會做好各種準備，採取積極的行動，不致讓自己的夢想淪爲幻想，不致於淪爲整天等待別人救助的人。

當人們對於救濟單位的需求量大增的時候，揭露的不是社會福利的健全與否，而是人們的生存能力已經開始下降了。

有天，維吉尼亞．莎泰爾被派到南邊一個城市，幫助這裡許多等待救助的居民。但是，這一次維吉尼亞希望能給予他們更實際的幫助，讓他們知道：「只要願意，任何人都能自給自足。」

初次見面時，維吉尼亞便問他們：「你們有什麼夢想？」

沒想到，每一個人聽到這個問題時，全都露出困惑的神情。

有人說：「夢想？我們沒有夢想。」

維吉尼亞好奇地問：「難道你們從小到大沒有立過志願嗎？」

這時，有個婦女回答：「夢想有什麼用？有了夢想，老鼠還不是照樣會跑進我的屋裡咬孩子。」

維吉尼亞笑著說：「嗯，這的確很傷腦筋，妳很擔心老鼠會偷襲妳的孩子，那麼妳有沒有想辦法解決呢？」

婦人想了想說：「嗯！我很想換個新紗窗，因爲舊的那個已破洞。」

維吉尼亞看了看其他人，又問：「有沒有人會修紗窗呢？」

這時候，有位中年男子大聲地說：「我以前修過，但是近來背痛得很厲害，有點吃力，不過我會盡力試試。」

於是，第二次聚會時，維吉尼亞問那位太太：「紗窗修好了嗎？」

太太滿意地說：「修好了！」

維吉尼亞笑著說：「太好了，那麼妳的夢想可以開始了！」

維吉尼亞又問幫忙的男士：「那你呢？」

他說：「說來奇怪，我現在的精神比以前好很多呢！」

維吉尼亞笑著說：「其實這也不是什麼大事，只要你勇於跨出第一步，目標就會越來越近了！」

接著維吉尼亞問了其他人的夢想，其中有一位婦女說，她一直想做個秘書。

維吉尼亞問：「爲何不放手去做呢？」

婦人說：「我有六個小孩，如果我上班了，就沒有人能照顧他們了。」

維吉尼亞笑著說：「沒關係，我們一起想想辦法！那，有人願意幫忙她帶小孩，讓她可以到學校去上秘書訓練課程嗎？」

這時，有位婦女熱心地表示：「雖然我也有自己的小孩要照顧，不過，我可以幫這個忙。」

就這樣，維吉尼亞一一幫他們解決問題，每個人都有了工作，像是修理紗窗的男子，便找到了技工的職業，而幫人照顧孩子的婦女，最後還拿到了合格褓姆的證書。從此，這個南方小鎮的居民，再也不需要社會救濟，因爲他們都在實踐自己的夢想。

布萊恩．巴斯葛曾說：「依靠同類是最愚蠢的行為，無論我們多麼不幸，多麼無助，沒有人會給我們真正的幫助，最終我們將孤獨死去。」

將這段話簡單地解釋，便是「救急不救窮」，畢竟，沒有人能一輩子支援或救濟我們。

相對的，眞正懂得「救助」意義的人，不會一味地將魚兒送給等待救助的人，而會像維吉尼亞一樣，告訴他們如何設定目標，勇敢地站起來，並教他們如何自助助人。

我們也不要把人們的救助視爲理所當然，那些不僅不長久也不可靠，唯有靠自己，才能保障自己一輩子。

抱怨越多，生命越短暫

當我們仔細地計較著生命時間時，會發現人生忽然變短了，但是我們卻還在浪費時間做白日夢，浪費時間發牢騷及埋怨。

一天之中，你會用多少時間發牢騷呢？

早上一進辦公室，便與同事說老闆昨天太挑剔；下午時間，還會找藉口休息，然後跟另一個同事大罵另一個同事不合作；晚上呢？你是否也繼續用電話、通訊軟體，向親朋好友哭訴自己的生活有多悲慘？

如果，以上情況你全部符合，那麼，你恐怕得準備弔念你的一生了！

人生苦短，爲何要浪費寶貴的時間發牢騷呢？只要你肯積極一點，人生就會轉變，不久就會看見夢想的藍天。

瑪亞．安格魯小時候和奶奶住在一起，因爲奶奶開了間小店鋪，家裡每天都有各式各樣的人出現。特別是那些愛發牢騷的顧客出現時，奶奶一定會把小瑪亞拉到身邊，並神秘地說：「瑪亞，快來！」

那時，瑪亞會很聽話地進去，然後奶奶便會問候客人：「今天好不好啊？托瑪斯老弟。」

只見托瑪斯長嘆一聲說：「唉！還能怎麼樣？不怎麼樣啊！妳看這個夏天實在快熱死人了，生活眞是煩透了，眞受不了這種大熱天，眞要命！」

聽到這裡，奶奶便會低聲地說：「唔！嗯！」

然後，她就會向瑪亞眨眨眼睛，確定小瑪亞都有聽見這些抱怨話。

還有一次，有個人抱怨說：「每天要這樣幹活，眞煩！妳看看，那些塵土到處飛，我的騾子老是不聽使喚，唉！這樣的工作我實在做不下去了。還有還有，你們瞧我這雙腿，還有這雙手，每天都又酸又痛，渾身都不對勁啊！唉，我就快受不了了！」

當然，奶奶仍然只是：「唔！嗯！」

不過，當這些牢騷客一出門，奶奶就會對著瑪亞說：「瑪亞，你聽到這些人的抱怨嗎？你聽到了嗎？」

瑪亞點點頭。確定後，奶奶總是這麼教導小瑪亞：「瑪亞啊！每天每個人都會酣然入眠，但是卻有人一覺不起啊！想想那些人，當他們從此躺在靈柩中，再也不能抱怨天氣，或埋怨騾子倔強時，他們一定會後悔，自己爲什麼要花那麼多時間去抱怨啊！記著，牢騷太多會傷害身體，浪費生命。如果，你對任何事不滿意，一定要設法去改變它；如果改變不了，記得，換個態度去面對，千萬別浪費時間抱怨嘮叨喔！知道嗎？」

小瑪亞點了點頭！

聽見老奶奶叮嚀著「別浪費時間抱怨嘮叨」時，你是否像小瑪亞一樣，把奶奶的叮嚀聽進去了呢？讓人怵目驚心的天災地變，不也提醒我們：「人生很短，因爲你永遠不知道，自己什麼時候會永遠地睡去！」

看似長久的生命，其實很短促，稍不留意就逝去。當我們仔細地計較著生命時間時，也會發現人生忽然變短了，但是我們卻還在浪費時間做白日夢，浪費時間發牢騷及埋怨。

既然，你不只一次看見了人生迅速無常，何不聽聽老奶奶的建議：「孩子，別再抱怨生活了，只要你肯積極一點，你就會讓生活更幸福！」

人際互動從親情開始

不管世界怎麼改變，親情的支持力量遠大於其他的助力，
親情間的互動更是所有人際互動中的首要。

百善「孝」爲先，這是萬物初生的開始，看似平凡，其實珍貴。父母是我們要掛念一輩子的人，因爲他們總是這麼對我們說：「累了嗎？沒關係，我們會給你一輩子的依靠！」

我們最早感受和源源不斷得到的愛，都來自於雙親。不管他們是什麼樣的人，我們都應該把他們當成自己的鏡子。

球場上，有位年輕人正在練習足球，爲了能早日上場比賽，四年來他幾乎是風雨無阻地練習，每天在球場上一定會看見他的身影。

不過，最讓教練注意的，卻不是他勤奮練球的精神，而是他與父親之間的情感，因爲每當父親來到球場，他便會立刻上前，帶父親在球場上慢慢地散步、聊天。好幾次教練看到這溫馨的一幕，都想要上前與他的父親聊一聊，但一直都沒有機會。

就在球季的某一天，年輕人向教練說：「教練，我父親剛剛去世了，我想請假回家辦理喪事。」

教練體諒地對他說：「傑利，你放心地回去處理事情吧！不過，你也不必急著在比賽前回來。」

雖然教練這麼說，但在比賽的前一天晚上，傑利卻出現在教練面前，提出了另一個請求：「教練，我想請您允許我一件事，請讓我出賽！」

教練猶豫了許久，最後敵不過傑利的懇求，只好答應了，但是這個答應，卻讓教練失眠了一夜。

因爲，傑利的表現一直都不理想，而明天的隊伍實力非常強，他必須讓實力更好的球員出賽才行。

然而，他已經答應傑利，不能反悔了，於是他想：「明天只好再叮嚀他們好好地合作，再要求其他人，儘量別傳球給他。」

第二天，教練重新調整出賽順序，然後靜靜地祈求幸運之神降臨。

忽然，教練一聲：「喔！不！」

原來，沒想到才剛開球，球就落到了傑利的正前方，教練一緊張，便喊著：「大家注意啊！」

只見傑利緊緊地控制住球，而且一路閃躲過了三個人，直到過了中場線，才被對手扭倒，並獲得一次十二碼球的機會。

對敵手來說，眼前這個小伙子，他們一點印象也沒有。原來，傑利對敵人來說一點也不具攻擊性，甚至在情報記錄上一個字都沒有，只因這場比賽是傑利第一次正式出賽！

上半場幾乎是傑利的天下，只見他在場上跌倒後又站起，並躍過一個又一個的阻礙；下半場時，傑利的衝勁也激勵了其他球員，大家勢如破竹地一路猛攻，直到比賽結束。

他們勝利了，成績更是創下了紀錄，大家回到休息室時，每個人都開心地歡呼著，但是就在這個時候，傑利卻不見了。教練四處找尋，最後看見他一個人埋著頭，躲在沐浴室裡。

教練不禁好奇地上前問他：「傑利，你怎麼了？在煩惱什麼呢？你今天表現得有如神助呢！」

傑利抬起頭，眼眶中噙著淚說：「不是神，是我的父親，教練，您知道嗎？我父親是個瞎子，今天，他終於可以看見我參加比賽了。」

日本知名的教育作家池田大作曾經語重心長地寫道：「對孩子們來說，有如營養般重要的雙親的愛，有時苦似良藥般的嚴格，以及無限寬宏的理解，都能有助於孩子的成長。」

父母一直流露著關愛的眼神看著自己的子女，世界上還有什麼比父母心中蘊藏的感情更神聖的呢？

不管世界怎麼改變，親情的支持力量遠大於其他的助力，親情間的互動更是所有人際互動中的首要，因爲，每個人都是從「父母」開始。

孝順的傑利爲了不讓父親失望，把對父親的思念轉化爲力量，因爲他相信，生前什麼都看不見的父親，如今一定在天國守護著他。看完傑利的故事，幸福的我們，慶幸還有父母親可以依賴的同時，是否更要懂得珍惜眼前的一切呢？

發現需要，才能對症下藥

想解決問題，不能只看事情的表面，糾在心裡的病痛如果沒有同時解決，身體上還是會出現許多莫名的「心理病」呀！

對自己缺乏信心的人，很難活出亮麗的人生，一遇見不如意的事，只會怨天尤人，生病之時則會變成讓人頭疼的病人。

面對病痛，與其四處找尋名醫仙丹，不如建立病人的康復信心，讓他們體內的免疫系統能更加積極地拯救自己。

有個脾氣暴躁的富翁忽然身染重病，但是固執的他，不管家人們怎麼勸說，就是死也不肯就醫。

最後，有位摯友看不下去了，親自帶了一位醫生來看他。

當然，脾氣古怪的富翁非常不合作，家人拿藥給他吃時，只見他生氣地說：「哼，這個醫生的嗓門居然比我還大，我才不吃他開的藥呢！」

不得已，大家又找了一位談吐文雅的醫生，但是情況依舊沒改善，而且富翁這次還當場吐槽：「叫那個裝模作樣的傢伙領完出診費，馬上就離開，哪有人看病這麼馬虎的！」

富翁的病一天天地惡化，家人雖然受不了他的固執，但又無法逼他吃藥，全都急得團團轉，想不出什麼解決方法。

這天，富翁的體溫驟升，有個朋友正巧遇見一位著名的年輕醫生，連忙拜託：「請您救救我的朋友吧！他的病情已經相當嚴重了，卻又不肯看醫生吃藥，你有沒有法子救他？」

年輕醫生看他如此誠懇，便爽快地答應：「你放心，我有辦法！」

年輕醫生隨這位朋友前去富翁家，一進門便親切地問富翁：「親愛的大伯，您今天感覺好些了嗎？」

富翁看著眼前這個陌生人，點了點：「還好啦！」

聽見富翁的回答，醫生便笑著說：「放心，我相信您很快就會好了。」

接著，醫生請傭人準備些冰塊，輕輕地敷在病人的額頭上，頓時之間富翁感覺舒服多了。醫生看見富翁的臉色放鬆了下來，便順著他的情緒問：「大伯，您是否願意吃些我開的藥方呢？可以好得更快喔！」

這一次，富翁居然答應了，默默地點了點頭。

於是，醫生把藥準備好後，又在藥水中加了點蜜汁，然後親自餵食。

一會兒，富翁喝完了藥，很平靜地說：「很甜耶！」

說完話，他吐了口氣後便睡著了。

傍晚醒來的時候，富翁不僅燒退了，身體也舒服許多。曾經醫治過富翁的大夫，紛紛上門請教這個年輕大夫，到底用了什麼方法說服這個古怪的富翁，並治癒他的病。這位年輕的醫生笑著說：「其實，沒什麼特別的。他想要什麼，就給他什麼囉！總之，心病還需心藥醫！」

你認爲這位醫生用了什麼仙丹靈藥呢？

當然不是什麼仙丹與靈藥，而是一份眞誠的關心。年輕醫生知道，富翁眞正的問題，不在於病痛，而是他無法感受到眞正的體貼與關心，只要他一發脾氣，人們只會怪他個性古怪，卻沒有人發現他的需要。

所幸，這位年輕醫生發現了。這就像許多躺臥在床上的病人一樣，不管病況嚴不嚴重，只要有人眞心關懷、慰問與鼓勵，病情便會漸緩，或是日漸康復。延伸到生活中，當我們遇上難題時也是如此，想解決問題，不能只看事情的表面，而要發自內心面對。

即使我們可以逼迫病人把藥吃了，暫時解決身體病痛，但是，糾在心裡的病痛如果沒有同時解決，身體上還是會出現許多莫名的「心理病」呀！

美麗世界需要用心彩繪

只要相信這個世界上無處不美麗，即使僅僅只是面白牆，也會用「心」彩繪上企盼已久的夢想花園。

許多自私的人都有一個特徵，那便是「目光如豆」。因爲視野狹隘，即使他們站在與別人相同的峰頂，也只看得見腳底下的花草，不像別人看見了無盡寬廣的美麗世界。

生活究竟是痛苦的折磨，還是愉快的享受，其實全在於我們的抉擇。

每個人的生活都有艱苦的一面，但在那些不甘於受到環境限制的人眼中，不管過著怎樣的生活，都懂得改變思考方式，珍惜眼前的幸福。

有兩個重病患者同住在一間病房裡，病房中只有一扇窗可以看見外面的世界。

其中有位病人必須每天起身，坐在電椅上治療一個小時，而另一個則終年都躺在床上，連坐起來的能力都沒有。

每天下午，那個必須起身進行治療的病人都會坐在窗口，熱心地為另一個人描訴窗口的景緻。

「窗外有個美麗的公園喔！公園裡還有一個小湖，湖裡每天都飛來許多鴨子和天鵝呢！哇！那些孩子們眞善良，他們正在丟麵包餵食小鴨子。偷偷告訴你喔！樹下有許多年輕的戀人正在散步呢！外面的景緻眞美，有盛開的花朵，還有翠綠的草地，眞是美極了！」

聽見病友如此愉快描述的，雖然終年躺在床上的病人無法親眼目睹，但心情卻也像親眼看見如此美景一般，非常愉快。

然而，有一天，當他再次聆聽病友快樂地描述窗外風景時，心中卻產生不滿情結，不悅地想：「唉！爲什麼只有睡在窗邊的人，可以獨享外面的風景呢？爲什麼我沒有這樣的機會？」

越想越不是滋味的他，心中突發奇想：「如果他離開了，那該多好！這樣，我就能名正言順地更換床位，親自享受窗外的風景了！」

沒想到當天晚上，病友忽然劇烈咳嗽，且在咳得快斷氣時痛苦地看著他，希望他能幫忙按鈴求救。

但已被「窗外美景」慾念佔據的他，卻自私地當了旁觀者，眼睜睜地看著病友氣絕身亡。

第二天早上，護士們將病友的屍體抬走了，而他也立即要求：「我可以換到那張床嗎？」

於是，他成功地換到了窗口的病床。

當醫護人員離開後，他慢慢地用手撐起身體，吃力地往窗外望去，然而他看見的卻是完全不同的景象：「怎麼會這樣？爲什麼只有一道白牆？公園到哪兒去了？」

你看見了他們的美麗公園嗎？

在這個人人高喊個人自由的社會，人們似乎越來越習慣當個旁觀者，不但忽略了人類群居的眞正功能，也遺忘了當初組成社會的初衷。

爲什麼會有人看不見美麗公園，而有人總是看見世界的美麗？

因爲，心地「美麗」的人知道，眞正的美麗世界不在外面的風景，而是在於他們自己的心中。

對他們來說，只要心中保持樂觀與積極，相信這個世界上無處不美麗，那麼他們觸目所及的一切，即使僅僅只是面白牆，也會用「心」彩繪上企盼已久的夢想花園。

感謝在背後默默愛你的人

不要忘記，父親和母親一樣，比世界上的任何人都愛你，為了子女的快樂，他同樣有勇氣拋棄一切，包括自己的生命。

也許你不曾察覺，除了母親，一直有個人，在背後默默地愛著你，不讓你知道，也不求你回報。若是你哭了，他會感到自己的內心陰雨綿綿；若是你開懷大笑，他的世界便有了陽光。

這個人是誰？我想你一定知道。

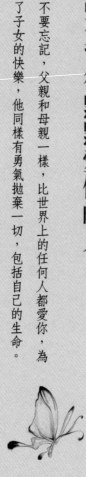

這是古老，但值得再三咀嚼的溫馨故事。

女孩喜歡音樂，每天清晨，當對面的人家傳來鋼琴聲時，她便癡癡地趴在陽台上靜靜聆聽。

鋼琴的聲音是多麼美妙啊！如果自己也能擁有一架鋼琴……，不，不，如果自己可以摸一摸鋼琴，坐上去彈一次，那該有多好啊！

女孩的一舉一動全都看在父親眼裡，他知道女兒每天清晨，必定趴在陽台上，手指在陽台的欄杆上面忘情地跳躍著，心裡開始有了一個願望。

從小到大，女孩從來沒見過父親買過一件像樣的衣服，身上的衣服總是縫縫補補，洗得近乎發白。女孩知道自己應該卯足全勁用功讀書，只要自己夠努力，將來一定能考上音樂學校，如此一來，就每天都有鋼琴可彈了。

也許是因爲經濟不景氣吧，爲了賺取生活費，父親似乎比以前忙了許多，每天早出晚歸，累得來不及洗澡便倒頭就睡。

日復一日，女孩不知爸爸爲何如此拼命，卻知道爸爸頭上的白髮已經多得數也數不清了。

就這樣，五年過去了，女兒終於考上了最好的高中。

父親歡天喜地去銀行取出了存款，一路上沈浸在喜悅之中。他想像著女兒看到禮物後欣喜的表情，不知道自己背後正跟著一雙不懷好意的眼睛。

父親走到一家商店前面，看到了櫥窗裡的鋼琴。這架直立式鋼琴是二手的，卻保存得十分新穎，上頭的標價寫著「五萬塊」，而他這五年來所攢的積蓄正好夠支付這筆錢。

他一邊數著手上的鈔票，一邊叫來售貨員，正當他滿心歡喜地數到最後一張鈔票時，手上一條被刀子劃開的血痕卻凝結了他的笑容。

父親變得茶飯不思，鬱鬱寡歡，頭上的白髮顯得更多了，女孩見到這種情形，除了擔憂，還是擔憂。

幾天後，父親拿出一樣東西交給女兒，那是一塊長長的木板，上面貼著厚紙板，紙板上畫著鋼琴的鍵盤。父親說：「爸爸真沒用，本來想給妳買架真的鋼琴的……」

長久以來，女孩第一次看到了父親的淚水，她激動地摟住爸爸的脖子，雖然不知道發生了什麼事，但她什麼都明白。

女孩坐在紙鋼琴的前面，十指輕快地跳躍在琴鍵上，她彈得淚流滿面、如癡如醉，她彈的是一首交織在父親與女兒的心中，永恆不朽的溫馨旋律。

看了這個故事，你是否想起那個日漸衰老、皺紋滿面的父親？

也許，我們的父親一生庸庸碌碌，看起來一事無成，和別人的父親不能相比；也許，父親的愛乍看之下是那麼粗糙，不像母愛那般細緻入微，父親也從來不曾像母親一樣溫柔地哄我們入睡。

但是，不要忘記，父親和母親一樣，比世界上的任何人都愛你，爲了子女的快樂，他同樣有勇氣拋棄一切，包括自己的生命。

沒有他，就不會有你，在感謝媽媽的同時，別忘了，還有一個人，一直在背後默默的愛著你。

不要把勇氣用錯地方

要先對未來有了方向，再激起生命的勇氣，只要目標清楚，辛苦逆游的你，最終到達的目地的必定是美麗新世界。

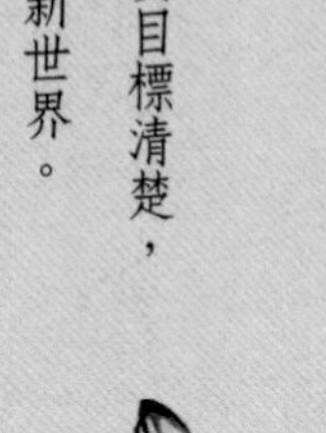

爲了實現目標，我們都需要非常大的勇氣，但是，當我們在尋找夢想的天堂，有時也該靜下心想想，是否只知一味地往前衝，卻從不停下腳步，看看路有沒有走偏，或是目標錯了？

這流水是從高原流下來的，最後流入渤海口。

但在海口處，卻有一隻魚正逆著水流，努力地朝著高原上游去。只見這隻魚躍過了淺灘，並迎著激流前進，除了積極逆流而上，牠還要躲過水鳥的追捕，最後牠來到了險峻的瀑布下。

這隻魚似乎有意創造奇蹟，牠奮力地穿過了峽谷，山澗和石縫，終於高原就在眼前了！

然而，當牠還來不及聽見人們的歡呼聲時，便已受不了高原上的低溫，瞬間結冰成冷凍魚了。

多年後，有人在唐古喇山的冰塊中發現了牠，有人認出這隻魚，就是當年在海口看見的魚。有個年輕人感嘆地說：「眞是條勇敢的魚啊！居然逆游了那麼長的一段路！」

不過，另一位老人卻感嘆道：「的確是一條勇敢的魚，可惜牠只有偉大的精神，卻沒有偉大的方向，盲目的逆向追求，最後卻換得死亡！」

從你的角度來看，你認爲魚兒是勇敢的英雄，還是匹夫之勇？

爲了追尋夢想，每個人都需要非常大的勇氣，但是不少人爲了找到夢想，而盲目前進，只知一路往前衝，卻沒做好未來的計劃與評估，也有些人連自己想要什麼都不清楚，只知道：「跟著大家衝就對了！」

跟著大家衝就對了嗎？照成功者的步伐再走一遍，就一定會成功嗎？

當然不是，就像許多年輕人在選擇未來的路時，總是說：「最感興趣的事？我也不太清楚，反正做了再說。」

你是否也曾說過相同的話？又或者現在的你，正在對朋友們這麼說呢？

如果答案是肯定的，那麼，關心你的人恐怕要爲你擔心：「沒有目標，不知道未來的方向，空有勇氣也只是徒然呀！」

要先對未來有了方向，再激起生命的勇氣，只要目標清楚，辛苦逆游的你，最終到達的目地的必定是美麗新世界。

PART 3

好運氣，來自積極的念力

好運氣是積極念力造就的成果。
無論眼前的際遇如何，
只要心裡懷抱著希望，
就能夠讓我們吸引更多運氣。

心境調整好才能充分發揮潛能

重新調整自己的心態與腳步，先自我肯定，然後我們才能得到別人的認同。重新建立自信，才充分發揮你的潛能。

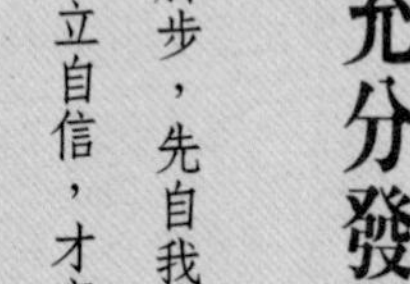

你的生活音律變調了嗎？你的人生音色總是低沉缺乏活力嗎？

那麼，快重調你的音弦，不要讓走調的音聲繼續折損你的內在潛能，繼續破壞你的人生樂章。

阿格西勞斯大帝曾經寫道：「環境固然不能使人變得高雅，然而，人卻能為置身的環境增光添彩。」

只要你願意調整自己的思考方式，就能展現不一樣的人生。

今天有個拍賣商要主持一場二手物品的拍賣會，只見他拿起一把看起來非常破舊的小提琴，接著還彈撥了幾下琴弦。

沒想到，琴音竟然全部走調，這讓原本就不被看好的琴身，如今在走調絃音的導引下，更是失去了販售的價值。

拍賣商拿起了這把又舊又髒的小提琴，接著便皺起了眉頭，毫無精神地開始叫賣起來：「這把小提琴只要十美元，有沒有人要啊？」

現場雖然人流穿梭，但是卻沒有一個人願意停下腳步。

於是，拍賣商人把價格降到了五塊美金，但始終沒有人願意給點反應。

最後，他繼續降價，且一路直降到到了五毛。

他這會兒大聲地呼喊道：「這把琴只要五毛，我知道它值不了多少錢，但是你現在眞的只需要花五毛就能把它拿走。」

就在這個時候，有位頭髮花白、留著長鬍子的老人家走了過來，問道：「能不能讓我看看這把琴啊？」

拍賣商點了點頭，立即將小提琴遞給了老人家。

老先生先是拿出了一條手絹，將琴身上的灰塵和髒污擦去，接著便慢慢地撥動著琴弦，然後又一絲不苟地將每一根弦調撥至正確的音聲，最後他把將這把破舊的小提琴擺放到下巴上，開始認眞地演奏了起來。

沒想到這一演奏，竟將人群吸引了過來。不少人被這把琴展現出來的音色感動，忍不住驚呼：「這琴音眞美，你聽這把小提琴多棒啊！」

拍賣商見狀，立即詢問現場人群：「有沒有人要買啊？」

這時，有人叫喊道：「有！一百元！」

另一個人則說：「我出二百元！」

最後，小提琴在老人家的彈撥聲中，慢慢地增值至一千元時成交！

從五分美元一躍到一千美元，這中間的價差是因爲老人家的完美演出，還是這把小提琴眞有此價？其實，這兩項都是促使小提琴增值的重要原因，懂得小提琴問題所在的老先生，知道音準與音質是別人評價它的標準，所以輕輕調整音弦之後，不僅讓小提琴原有的音絃品質再次回復，更在自己的彈撥下，讓小提琴原有的美妙音質重現。

我們也從老先生調音的動作中，隱約間領悟了另一份隱喻：「原來，生活中我們要改變的不是外在環境，而是修正並提升你我的內在潛能。」

我們到底擁有多少潛能值得人們的提拔與肯定，其中決定價值的指標，並不在別人怎麼認爲，而是我們要如何表現自己。

如果我們也像拍賣商般，不懂得提升自家產品的內在品質，只知一味地降價求售，那麼，帶著否定自我的態度，我們恐怕很難得到別人肯定。如此一來，又怎能奢望別人給予我們表現的機會呢？

重新調整自己的心態與腳步，先自我肯定，然後我們才能得到別人的認同。重新建立自信，先肯定自己，才能在難得的機會中，充分發揮自己的潛能。

好運氣，來自積極的念力

好運氣是積極念力造就的成果。無論眼前的際遇如何，只要心裡懷抱著希望，就能夠讓我們吸引更多運氣。

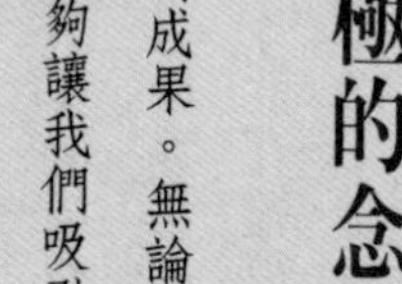

每個人心中都有過一些渴望的事物，那種日也想、夜也想，輾轉反側的難過，實在是一種折磨。當終於有機會順遂心願時，心中那種美夢成眞的快樂，其實更勝於得到那件事物。

思想家泰倫底馬斯曾說：「你可能做不到你想做到的一切，但是，你絕對可以做到你希望做到的一切。」

我們經常會爲自己做不到的事情找藉口，埋怨景氣太差，抱怨自己懷才不遇。

但是，這些都是負面的思緒，只會讓你的人生持續跌至谷底。你應該做的是：改變思緒，用積極的念力開創好運氣。

十歲的愛麗絲非常想要一輛腳踏車，但家裡根本就買不起，她很清楚知道這個現實，儘管心裡真的非常想要，也不敢說出口。

有一天，愛麗絲經過街上的超級市場，立刻激動地飛奔回家。

她對媽媽說：「媽，是腳踏車，摸彩的頭獎是腳踏車！而且只要花二十分錢就可以得到一張抽獎的彩券。」

愛麗絲的父親聽了，發笑地說：「唉！妳別傻了，我們窮人家哪來那樣的好運氣！」

可是，愛麗絲仍然不想放棄，哭著求道：「買一張不中，那我們就買兩張，只要兩張就好了。一定會中的！」

最後，父親拗不過她的懇求，終於答應第二天帶她去超級市場。

他們得到了第一張彩券，愛麗絲並沒有中獎，但是她並沒有灰心，因爲頭獎還沒有被人抽走。後來，他們又換得了另一張彩券，愛麗絲緊緊地握住手裡面的彩券，緊張得都要全身冒汗了。

搖獎的輪子吱吱嘎嘎地轉著，終於，彩球掉了下來，是二十七號，正好是愛麗絲手中彩券的號碼。愛麗絲中了頭獎，得到了心心念念的腳踏車。

愛麗絲感到非常開心，因爲他們家第一次有這樣的好運道，十分感謝老天爺讓她能夠達成心願。

直到十數年後，父親過世，母親才對愛麗絲說出眞相。原來，抽獎的前一天，愛麗絲的父親向房東借了錢，又去向超級市場的人打商量，請他們務必讓愛麗絲中獎，他願意付錢買下腳踏車。

愛麗絲這時才明白，自己之所以中獎，並不是老天爺的功勞，而是他的父親每天額外辛勤地工作換來的。

對於愛麗絲的父親而言，與其直接給孩子腳踏車，不如讓孩子學會懷抱希望，體會美夢成眞的快樂。那麼，未來即使孩子仍要面對生活中的種種苦難，也可以對人生懷抱著熱切的希望，不致尙未努力就逼自己放棄。

只要懷抱希望，事情就會有轉機。守得雲開見月明，人生中的種種困難，往往得有足夠的耐性去等待、期望，才能夠順利跨越。

好運氣，與其說是求來的，不如說是積極念力造就的成果。我們相信自己擁有好運，就能夠在事情發展的過程中，選擇觀看那些順遂的環節。相對的，如果一直覺得自己帶衰，就會不斷地注意那些不順利的情況。

現實生活總是福禍接踵而來的，有福有禍的人生，才能夠讓我們學會品味其中甘苦。

無論眼前的際遇如何，只要心裡懷抱著希望，就能夠讓我們吸引更多運氣，整個人的氣勢旺了，福氣也就跟著來了。

會動腦筋的人一定會成功

機會要靠自己去爭取，別再亦步亦趨地跟著別人走，偶爾跳開保守的規矩，動動你的聰明腦袋，機會便將直奔你的懷抱。

黎巴嫩詩人紀伯倫曾經寫道：「如果理想是人生大船的舵，那麼態度則是人生大船的帆。」

一個人的態度左右著自己的人生高度，不論你正要做什麼事，如果想領先別人幾步，就要留意自己的態度。

別以爲機會可以一等再等，如果你不能主動爭取，即使別人錯過了它，也不代表你就一定會擁有它。

機會只會與主動爭取它的人配成對，對於那些只敢遠遠觀望它的人，機會只能無奈地嘆氣，因爲它知道，一個沒有勇氣爭取機會的人，即使把機會給了他，他們恐怕也不懂得如何把握。

暑假那麼漫長，十六歲的佛瑞迪想：「每天都待在家裡一定很悶。」

於是，他鼓起勇氣對父親說：「爸爸，我不想整個夏天都向您要錢，我想出去打工。」

父親似乎不太了解他的目的，便說：「是嗎？那好，我會想辦法幫你找份工作，不過現在恐怕不太容易找得到。」

佛瑞迪一聽，連忙解釋：「爸爸，我不是要您幫我找工作，我會自己去尋找，還有，請您對我有信心一點，就算現在職場徵人的情況不佳，我也一定會找到工作，因爲，不管再怎麼不景氣，總有些人可以找到工作的。」

「哪些人？」父親懷疑地問著。

「那些會動腦筋的人啊！」佛瑞迪答道。

父親允許佛瑞迪出去打工後，他立即翻閱報紙，在求職欄上找了一個很適合他的工作。

七點四十五分，佛瑞迪便已經出現在應徵公司的門口了，雖然八點才開始面試，但是以爲已經早到的他，卻看見門口早就排了將近二十個男孩在等候。

「居然有這麼多競爭者，等一下我要怎麼表現自己呢？」佛瑞迪在心中仔細地思考這個問題。

「在這個重要時刻，我得好好地動一動腦，我要怎麼做才能讓面試官注意我呢？」佛瑞迪的腦海繼續出現了第二個準備解決的問題。

忽然，佛瑞迪拍了一下自己的大腿：「是啊！我可以先這麼做。」

旁邊的人看見佛瑞迪突然打了自己一下，接著還拿出紙筆寫字，都以爲佛瑞迪太過緊張，以致於行爲失常了呢！

很快地，佛瑞迪完成他的便條，只見他將摺得整整齊齊的字條交給了秘書，然後十分恭敬地對她說：「小姐，能不能請您這張字條交給您的老闆呢？這個字條十分重要喔！」

女秘書看著這個滿臉自信的男孩，忍不住說：「是嗎？好啊！不過我得先看看你寫了些什麼。」

只見她打開了字條，接著忍不住笑了出聲：「好，你等等啊！」

女秘書果眞答應了佛瑞迪的要求，將字條送進了老闆的辦公室，老闆看了字條也忍不住大笑一聲，還連聲說「好」。

最後，佛瑞迪果眞得到了這份工作，而且頗受老闆的器重。

佛瑞迪的字條其實也沒什麼，紙上只不過簡單寫著：「您好，我排在隊伍中的第二十一位，在您還沒看到我之前，請不要有任何決定。」

當你讀到佛瑞迪的字條時，想必也忍不住會心一笑吧！

仔細地閱讀佛瑞迪的字條，相信你也看見了佛瑞迪的勇氣與機智了，然後我們也不得不承認：「會動腦筋的人一定會成功。」

對於一個充滿自信的人來說，沒有什麼事會難倒他，即使每個人都勸告他說「這條路一定困難重重」，他還是會堅定地告訴對方：「別擔心，我一定會獲得最後的成功！」

勇氣和決心、智慧與自信，無論哪一個組合都是成功者必備的條件，從佛瑞迪的身上，我們不僅看見了他的聰明，更預見了他的成功未來，雖然只是一份打工機會，然而他卻充分地展現了大將之風。

路是靠自己走出來的，機會更要靠自己去爭取，別再亦步亦趨地跟著別人走，偶爾跳開保守的規矩，動動你的聰明腦袋，機會便將直奔你的懷抱。

太過剛硬，只會不近人情

太過剛硬、冷漠態度，只會不近人情，偏見不論是用在別人身上或自己身上，都是一件不公平的事。

有一種刻板印象稱之爲「男子氣概」，這種印象，塑造了男孩子生活的主要方向，但是相對的也束縛了他們，有些男孩就爲了掩蓋自己心中那塊柔軟的感覺，而讓自己的日子變得不快樂。

其實，每個人的內心世界都是柔軟的，也都需要更多情感交流。懂得改變自己的態度，放下內心那些偏頗、自以爲是的認知，人生才有開闊的出路，不繼續沉陷於不快樂之中。

在吉默的家中，每一個人都不太輕易表露自己的情感，難得擁抱，也很少相互親吻、握手。因爲，吉默的父親一向以「男子氣概」爲榮，同時也以相同的標準要求自己的兒子。

他認爲，擁抱和親吻這類的舉動，會讓人感到娘娘腔，所以，兩個人面對面的時候，一定要堅定、豪爽、無所畏懼地直視對方。

由於父親的「高壓統治」，吉默兄弟從小到大過得像軍隊裡的生活，只有紀律、紀律、紀律，沒有什麼人情味。

然而，吉默的心其實很柔軟，很羨慕同學們溫暖和善的家庭狀況。儘管隨著年歲增長，父親強硬的態度已有軟化的跡象，但是吉默就連「爸爸，我愛你」這幾個字都如鯁在喉，難以說出口。

直到四十六歲生日那天，吉默突然覺得有種想做些什麼的衝動，於是一路從自己的家散步了三十五英里遠，來到父母的家。

吉默腳步未停地走進父親的書房，對著七十多歲的老父親說：「父親，我有件事想對您說。」

坐在輪椅上，在書桌前工作的父親轉過身來望著他。

吉默說：「父親，我愛你。」而後就激動得說不出話來了。

他的父親拿下老花眼鏡，睜大了眼，仔細地看著他好一會，而後以沉穩如常的聲音說：「你來這裡，就只是要對我說這句話嗎？你眞的不用特地跑這麼遠，不過，我也要告訴你，我聽到這句話，感到非常高興。」

吉默發現父親的眼眶有著濕潤的淚光。他感到非常訝異，多年以來，他不曾看過父親落淚。因爲父親是堅強的，是不流眼淚的。

一時間，他管不住自己的行動，走過去一把抱住父親，父子兩人第一次如此接近，而後他們有了生平第一次最親密的談話。言談之中，吉默第一次了解父親的過往，也體會了外表嚴肅的父親心裡想些什麼。

這一段失而復得的父子情，因爲吉默的嘗試而有了不一樣的改變。

其實，人類的內心終究流著溫熱的血液，所有的冷漠表象，都是一再壓抑和冷卻的結果。

一個喜怒不形於色的人，確實相對不容易被人發覺弱點，但是，把所有人情溫暖都隔絕在外，最後那個人的心只會充滿寂寞。

將別人隔絕在心門之外，或許可以保有自己的安全小室，但也得不到任何形式的支援，不是嗎？自我封閉或許可以形成某種保護，但也意味著阻斷外援，就像一部無法上網的電腦。

男兒氣概是一種勇氣的表現，但男兒氣概卻不該是一個人的全部。太過剛硬、冷漠態度，只會不近人情，偏見不論是用在別人身上或自己身上，都是一件不公平的事。

態度嚴謹自然能呈現完美

所謂的追求完美只是一種態度，沒有人能確切地說出完美的標準，我們唯一能列出的完美標準，只有「好還要更好」。

散漫的人無法摘到甜美的果實，因爲以漫不經心的態度對待事物，他們總是挑到最爛的果實。

反之，嚴謹的人從不輕易地摘取果實，因爲他們嚴選辛苦栽種的成果，要手中摘下的每一顆果實都是最佳首選！

文壇上每個人都知道，托爾斯泰對於自己的創作要求十分嚴謹，文章準備刊登在報紙前，都會要求親自校對。

每當編輯們一聽說托爾斯泰要校稿時，無不個個繃緊神經，因為稿子只要一回到他的手中，即使已經是最後校對工作，也可能要拖上好幾個月。

例如，《安娜小傳》的藍圖在回到托爾斯泰的手中後，紙張上便出現了許多符號，剛開始文句旁邊的文字增減尚能辨識，但是隨著大師的修改次數越來越多，到最後連原來的底稿文字都難以辨識了。

幸好，托爾斯泰的夫人看得懂他的文字與慣用符號，等他寫完一份稿子後，立即重新謄寫。

但是，別以為謄寫完後就沒事了，第二天早上，托爾斯泰夫人又將再抄寫一次。因為，工作嚴謹的托爾斯泰，已經在新謄好的稿紙上又添上了許多新的符號與塗改痕跡，辛苦的托爾斯泰夫人因為丈夫一再的修改，必須重新謄寫一遍又一遍。

於是，改字修句的工作一再地重複著，也讓交稿的時間越拖越長，而編輯們爲此也得一再地修正刊登日期，甚至有時候都已經交稿了，托爾斯泰還會忽然想起有幾個字要修改，而立即撥電話請報社編輯幫他更正。

這就是作家托爾斯泰的文字態度，也是他嚴謹的人生態度，這樣的創作堅持讓他有足夠的耐力與毅力，以七年的時間與改寫八遍的次數，完成世人十分喜愛的史詩巨著《戰爭與和平》。

據說，這本書的每一個章節都有七個版本，在托爾斯泰幾度修正後，最後才決定今天流傳的版本。

其他，像是《生活的道路》一書，他光是爲了寫出好的序言，便寫下了近一百篇的草稿；另一篇名爲《爲克萊塞爾樂章而作》的短文，最後選定要發表的內文僅有五頁，但散落在他桌面上的手稿卻超過了八百頁。

這是托爾斯泰的創作熱情與執著，在他的日記本中曾經寫了這麼一段話告誡自己：「你必須永遠丟棄『寫作可以不修改』的想法，因爲即使改了三遍、四遍都不夠！」

因爲修一遍不夠便要再修第二遍的嚴謹態度，讓世人對托爾斯泰的作品推崇備至；因爲對創作的使命與堅持，讓托爾斯泰的作品充滿了生命張力。無論時空環境怎麼變動，也無論讀者閱讀了多少次，他的作品總是能不斷地給讀者新的啓發。

這是托爾斯泰的創作堅持，也是我們必須學習的人生態度。

要怎樣才能呈現完美？托爾斯泰在文中點出：「沒有人能真正地達到完美，但是我們仍然要力求完美！」

其實，所謂的追求完美只是一種態度，沒有人能確切地說出完美的標準，因爲標準因人而異，我們唯一能列出的完美標準，只有「好還要更好」，一如托爾斯泰在日記本裡提醒自己的。

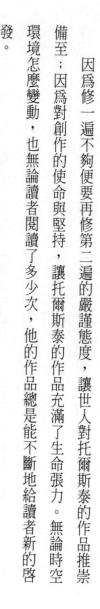

不試著摩擦，怎會有愛的火花？

勇敢地表達自己心中的意愛，至少給了自己一次不後悔的答案，不會白白看著愛慕的人從眼前溜走。

有的人想愛不敢說，濃濃愛意只敢藏在心頭不敢表現出來。幸運的話，對方可以感受到他的心意，靜靜地等待他勇敢表示；但是大部分的時候，等待不一定會有結果，放在心頭的愛要是無人收受，心愛的人投入別人的懷抱，屆時就後悔莫及了。

想要得到渴望的愛，就要勇敢追求，就算得不到愛情，至少也能得到答案；說不定，其實幸運女神就站在你的身旁，等著助你一臂之力。

荷蘭足球明星克魯伊夫的愛情故事，就很值得我們效法。

在足球場上叱吒風雲的克魯伊夫，很受女孩子歡迎，每天都收到一大袋情書。不過，情書這種東西很微妙，剛開始收到會臉紅心跳，收多了就沒什麼感覺了。克魯伊夫雖然每一封都會打開看看，但是真正讓他想要回應的，卻一封都沒有。

有一天，克魯伊夫收到的不是情書，而是一本日記。

讓克魯伊夫印象深刻的不是日記本身，而是特殊的內容。把愛慕當成日記來寫的球迷並不在少數，但這本日記很不一樣，從第一頁開始，每一頁上頭都只有一個名字，就是克魯伊夫，而且每一個名字都是克魯伊夫自己寫的。一直翻到最後一頁，克魯伊夫看見一行又一行娟秀的筆跡，上頭寫著：

「親愛的克魯伊夫，我看過你踢的一百多場球，每一場球賽結束後，都想盡辦法要得到你的簽名，我很幸運都得到了。我將這本日記本送給你，我敢說我一定是你所有球迷當中最有心機的，但我的心機只希望能夠在你的心底留下一點印象。我必須對你說，我已經深深地愛上你了，多麼渴望你也能同樣回應我的愛。

我知道這個渴望可能是個奢望，但無論如何都要向你表白我的心意，我雖然才十九歲，但已懂得什麼是愛的眞諦。

現在，你知道我的心意了，我懇求你的答案。如果，你沒有辦法接受我對你的愛意，那麼請你把這本日記還給我；不能夠擁有你的愛，至少我還擁有你給我的每一個簽名，這足以讓我這一生感到慰藉……」

字裡行間裡的情感流露，深深地打動了克魯伊夫的心。試問一個女孩緊緊地注視著他一百多場球賽上的身影，那會是多麼深刻的情意。

一個禮拜以後，二十一歲的克魯伊夫和十九歲的丹妮·卡斯特在一座公園裡的塑像旁相會，兩人也從此訂了情。

這個浪漫的愛情故事，說明了人與人之間情感連繫的魔力。儘管愛情不是單方面有意思就可以有結果，然而勇敢地表達自己心中的意愛，至少給了自己一次不後悔的答案，不會白白看著愛慕的人從眼前溜走。

男女之間的愛情，往往從相識進化到相愛，眞正一時天雷勾動地火式的愛情並不多見；反倒是兩個人有緣朝夕相處，更有可能慢慢磨出愛的火花。

如果有緣相識，卻無緣共處，即使兩人互有好感，最後也很難修成正果。如果沒有機會藉由共處的機緣好好認識對方，又怎麼會知道對方是不是適合自己的人？

要是連相識的緣份都不敢去爭取，那豈不是更加沒有機會？

丹妮．卡斯特勇敢地說出自己想要的愛情，也因此得到心中的眞愛，如果她不說，就永遠只是千萬個球迷中的一個。她以自己的方式表達出來了，而且讓克魯伊夫印象深刻，因此結成了一段良緣。

不試著摩擦，怎會有愛的火花？你心中有愛慕的對象嗎？或許你也該勇敢一點，試著去了解答案是什麼，說不定眞愛就是你的。

了解失去的感受，才懂得珍惜所有

一個不知珍惜所有，只知一味要求的人，只能夠從失望之中學習；因為，只有了解失去的感受，才會懂得珍惜手中所有。

誰都希望夢想能夠成眞，期待自己擁有實現夢想的一天，當一個人擁有一個希望的目標在眼前，往往活得特別有動力。

只是，有時候，夢想不一定能夠成眞，有時候希望也會落空；在那樣的時候，我們除了失望沮喪之外，還能夠做些什麼呢？

或許，我們事後可以回味一下，那些失望與沮喪的感受，究竟帶給我們什麼樣的啓示。

芬妲在耶誕節前夕對父母表示，她今年想要的耶誕禮物是一匹小馬，還一再強調，除了得到一匹小馬，其他的她一概不要。

父親問她：「如果是一雙高筒皮靴，妳也不要嗎？」那曾經是芬妲前一陣子的禮物名單第一名。

芬妲仍然固執地說：「不要，我就是要一匹小馬！」

媽媽問她：「小馬裝不進妳的襪子裡，怎麼辦？」

芬坦大聲地回答說那是耶誕老人應想辦法解決的問題，反正她今年無論如何都要一匹小馬。

就這樣，情況一直僵持到平安夜，那天晚上，芬妲和哥哥姐姐一起把襪子吊掛在壁爐上。第二天一大早，所有的人都飛快地衝下樓，來到壁爐前看看自己究竟得到了什麼樣精美的禮物。

所有的人都在自己的襪子裡得到自己想要的禮物，只有芬妲的襪子裡什麼都

沒有，空空癟癟的，連一顆糖果都沒有。

相較於其他人的興高采烈，芬妲難過得想要放聲大哭，但是她不想在大家面前哭，不想被人看笑話。耶誕老人遺漏了她，那個不知道怎麼帶著小馬鑽進煙囪的笨耶誕老人。

芬妲來到屋後的馬棚裡，一個人沮喪地坐在護欄上掉淚，心想也許自己眞的太過分了，耶誕老人沒必要照顧這樣固執的小孩。

爸爸也跟著到馬棚裡來，本來想說些安慰的話，但是芬妲根本不想聽。儘管她的態度非常糟糕，父親還是陪在她的身邊沒有離去。

突然，他們聽到一個聲音，「請問這裡有一位芬妲．史蒂芬嗎？」

芬妲跳下護欄，走過去拉開馬棚的門，接著看見一匹漂亮的小馬，渾身黑亮的毛皮，額前一點白星，看起來好可愛、好漂亮。

芬妲撲過去抱住小馬的脖子，回過頭就看見父親慈愛的笑容。她知道這匹小馬是她的了，父親走過來的時候，她立刻放開馬脖子，開心地抱住他。

那個送馬的人不住道歉因爲一直找不到門牌所以來晚了，但是芬妲一點也不在意，因爲耶誕老人並沒有忘了她，還是爲她帶來了一匹小馬，她終於獲得了衷心渴望的耶誕禮物。

當然，從這一天開始，她也眞切地明白，原來，所有的禮物都是她的父母爲她們準備的。她沒有夢幻破滅的感覺，反而更加喜愛她的父母，也對他們充滿感激。

芬妲就像所有任性的小孩一樣，想要什麼就一定要得到，完全不理會別人是否感到爲難，是否有能力辦到。

可是，她的父母還是想辦法在能力範圍裡面，努力爲孩子圓夢。如此的父母愛，如果芬妲還是不懂得感恩，就未免太可惜了。因爲這樣的父母愛將變成溺愛，無法使得芬妲看清一切事實。

在這個世上，只有極少數人很幸運可以想要什麼就不費力氣得到，大部分的人，爲了想要得到夢想的一切，必須付出許多相對的代價。

想要過著優渥的生活，必須先認眞打拚；想要錦衣玉食，必須先想辦法積累財富……如果凡事都不肯付出，只想等著禮物從天上落下來，那麼，品味失望苦楚的可能性就很大了。

一個不知珍惜所有，只知一味要求的人，只能夠從失望之中學習；因爲，只有了解失去的感受，才會懂得珍惜手中所有。

希望，就在你的手掌上

自己得到的每一次誇獎、鼓勵、讚美，甚至只是陌生人的一聲「謝謝」，都可以成為我們希望的支點。

希望能豐富我們的生命，因爲有希望，我們才能不斷地面對挫折及挑戰，也才能夠一直累積成長的經驗，充實自我的價值。

如果你能每天給自己一個小小的希望，不但可以讓你的生活充滿無限的活力，也可以藉著實現自己的希望，得到更多意想不到的快樂。

有一個被逆境困擾的女孩，覺得周圍的朋友，全都比自己幸運，不論工作或是學業都一帆風順。身處在這些幸運的朋友之間，相形之下，自己好像只是陪襯的附屬品而已。

女孩的這個想法，使她越來越消沈，每天自怨自艾，彷彿這個世界上所有的人都對不起她一樣。

老師看到女孩的改變，於是把她叫到辦公室，聽完她的困擾之後，笑著對女孩說：「舉起妳的手掌，對準太陽。」

女孩聽了老師的話雖然疑惑，但還是乖乖地照著老師的話做。

接著，老師問女孩：「妳看到了什麼？」

在燦爛的陽光下，女孩發現自己的手掌被太陽照得通紅，分不清到底是陽光照的，還是自己原本掌心的顏色。

老師溫和的對女孩說：「這就是希望啊，妳其實是一直擁有幸福的，只不過自己沒有發現而已。」

老師的話，讓女孩開始回想自己的生活存在著許多美好的事物，只是因爲自己只顧著注意自己沒有的，反而忽略了原本擁有的。

亞歷山大大帝率領希臘聯軍渡過達達尼爾海峽，遠征波斯帝國前夕，將自己的財產全部分給了手下的戰士。當有人問他給自己留下了什麼時，亞歷山大大帝只說了兩個字：「希望。」

其實，普通也有普通的樂趣，何必去爲了那些看起來很偉大的目標而自尋煩惱呢？有沒有想過，自己得到的每一次誇獎、鼓勵、讚美，甚至只是陌生人的一聲「謝謝」，都可以成爲我們希望的支點。

即使不能從旁人身上汲取什麼，伸出手掌，我們就可以看見希望。

希望是可以很簡單的，就在你的手掌上。

PART 4

不甘於平凡，就有可能不平凡

人生在世總有道不完的苦處，

只有不怕吃苦的人才有苦盡甘來的時候。

態度決定你的人生高度，

只要下定決心改變，機會就會出現。

勇氣是成就未來的最佳利器

沒有試過，我們永遠也不知道，前面看似搖搖欲墜的吊橋，原來沒有想像中那麼危險，更是我們踏入成功的最佳捷徑。

現實生活中，最困難的就是思考模式的調整。迷惑的時候，遇到障礙的時候，只要多一點勇氣，改變一下墨守成規的念頭，就可以輕易地改變自己的思路，走向不一樣的人生道路。

一個有勇氣與責任感的人，不管什麼樣的工作交到他的手中，都一定能順利完成，即使遇上麻煩也必定能逢凶化吉，化險爲夷。

所以，如果你也是個充滿好奇心且勇於面對的人，現在不妨給自己多一點行動與探索的勇氣吧！

有一間行銷公司的總經理正向員工們叮嚀一件事：「你們到八樓時，別走進那間沒有掛上門牌的房間，知道嗎？」

「是！」雖然老闆並沒有解釋原因，但員工們還是全部乖乖地答應。

一個月後，八樓那個房間果眞從未有人開門進去，在此同時，公司又新招聘了一批員工，而總經理也再次地向新進員工叮嚀一次。

只是，這回卻有個年輕人嘀咕著：「爲什麼呢？那裡該不會藏了什麼不可告人的秘密吧？」

當年輕人提出質疑時，總經理並未加以解釋，只是簡單地回答：「沒有什麼特別的理由。」

這樣的答案當然解決不了年輕人的好奇心，他回到位子後仍然困惑著：「既然沒有什麼特殊原因，爲什麼不能進去呢？」

坐在他身邊的資深員工便勸他：「做好你自己的事就對了，其他的事就別再多想，乖乖聽總經理的話準沒錯。」

「是嗎？」年輕人滿臉不以為然地看著同事，這時他已經打定主意一定要去「一探究竟」。

到了傍晚，年輕人趁著大家正忙於下班的緊張時刻，一派自然地走到了八樓，只見他隨手敲了敲「神秘之門」，卻見門被敲了開來，原來這個門只是虛掩，根本沒有上鎖。

「這個情況會有什麼秘密呢？」年輕人完全摸不著頭緒地思索著。

他走進門，卻見屋子裡什麼東西都沒有，只有一張紙牌掛在牆上，上面寫有幾個鮮紅的字跡：「請把這張紙牌交給總經理。」

沒想到，年輕人眞的拿下了紙牌，直接朝總經理室走去。

這時，同事們知道他「闖禍」了，紛紛勸阻他：「喂，你快把紙牌放回原位吧！我們會幫你保守密秘的。」

但是，年輕人卻搖了搖頭說：「不行，既然我敢違反規定走進去，就要為自己的行爲負責，上面既然寫明了要交給總經理，那我就得送去給他，其他的就任憑處置。」

但令人意外的是，當大家以爲年輕人恐怕要被革職的時候，總經理居然走出來宣佈：「從今天開始，約翰調升爲行銷經理。」

才剛剛踏入職場的約翰一聽，自己也吃驚地問：「因爲這個紙牌嗎？」

總經理點頭說：「是的，我已經等了這個紙牌快半年。總之，我相信你一定能勝任這項職務。」

既有勇氣又有責任感的約翰，果然不負總經理的賞識，半年內便讓銷售部門的成績創下最佳紀錄。

從約翰的身上我們看見的不只是好奇心，還有他敢於挖掘問題的勇氣，以及讓他成功接下重任的負責態度。

或許有人要質疑，故事的結果會不會恰好相反，約翰非但無法升遷，更有可能因此丟掉工作。

不過，只要我們換個角度想，便能否定這個假設。

因爲，一個能勇往直前的人即使丟掉了機會，很快地，他便能找到另一個機會，一個勇於承擔責任而不逃避的人即使違規，聰明的主管也會因爲他勇於面對的責任感，而再給對方一次機會的！

如果我們眞有才能，就不該只會唯唯諾諾，聽主管說一句自己才動一步，有爲者不僅要懂得舉一反三，更要比別人具有遠見與實踐勇氣，即使明知前方危機重重，也要大膽嘗試。

因爲，沒有試過，我們永遠也不知道，前面看似搖搖欲墜的吊橋，原來沒有想像中那麼危險，更是我們踏入成功的最佳捷徑。

垂頭喪氣，如何找出生機？

不要把時間浪費在抱怨的情緒中，那不僅會讓人更加迷失，還會讓人越來越失去信心，在關鍵時候放棄自己。

有位美國學者曾經這麼說：「人生的目的只有兩件事：第一件是得到你想要的，第二件是得到之後要好好地享受它。不過，通常只有最聰明的人才能做到第二點。」

人生的目標確實只有這兩項，只是多數人在尚未達到目標前，便不耐煩地發出牢騷與埋怨，以致目標難以達成；即使目標已經達成，卻因人心貪婪，讓生命真正的樂趣一直囚困於追逐的疲憊中。

愛波在一九三四年春天，因爲一個親眼目睹的景象，讓他的人生完全改變。那年，因爲一場金融風暴，他經營好幾年，好不容易終於有了一點成績的公司，頓時間化爲烏有。

當時負債累累的他，頹喪地走在街上，無精打采地想著：「我該怎麼辦？我要到哪裡找錢來還債啊？老天爺，你爲何要這樣捉弄我？」

當時，他正走出銀行，已經做了要回家鄉打工的準備，因爲在這個城市裡，他不知道自己還有什麼樣的機會。

愛波的步伐相當沉重，幾乎是用拖行的方式前進，受到嚴重打擊的他，已經完全失去了信念和鬥志。忽然，垂頭喪氣的他一個不小心撞上了迎面而來的一個人，愛波自然而然地說：「對不起！」

在此同時，眼前的這個人卻給了他一個開朗的回應：「早啊，先生，今天天氣很好，不是嗎？」

愛波一聽，這才抬起頭仔細看看他的「巧遇」。

也許是上帝聽見了他的呼喊，所以派了這樣一位天使來救他，因爲眼前是一個失去雙腿的男子，他坐在一塊裝有輪子的木板上，用著尙存的一雙手藉著輪子的滑動，奮力地沿街推進。

當他滿臉笑容地對著愛波時，愛波整個人完全被震懾住了，像是被定住了一般，在街角停格，心中不斷地湧現出一種刺激：「他沒有腿，卻能如此快樂、自信，我有腿，應該比他更快樂、自信，不是嗎？」

「我很富有的，不是嗎？我還有雙腿可以自由前進，我爲什麼就看不見陽光呢？我一定要重新振作，我一定可以看見自己的陽光，跌一次跤算得了什麼，勇氣始終都在我身上，不是嗎？」

原本準備回鄉的愛波，決定繼續留在這個競爭激烈的大城市。憑著重新找回的信心和毅力，很快地，愛波找到了工作，也重新展開他的新生活。

看著故事中失去雙腿的殘障人物，仍然願意帶著微笑，笑看他的人生，回頭審視四肢健全的自己，你是否也感受到「不願面對自己」的羞愧？

曾經有個在太平洋上漂流了二十一天的男子，獲得救援後對朋友說：「在這次經驗中，我所得到最大的教訓是，只要有淡水就喝，只要有食物就吃，絕不浪費時間埋怨任何東西。」

不要把時間浪費在抱怨的情緒中，那不僅會讓人更加迷失，還會讓人越來越失去信心，更甚者還會讓人在關鍵時候放棄自己。

其實，只要人還活著，機會就還在，即使迷失在海洋中，只要手中還有一滴淡水可以喝，還有一口乾麵包可以吃，那麼我們都應該要滿心感激、好好珍惜，不該頹喪、放棄。態度決定你的高度，生活的決定權始終都在我們的手中，即使跌得再深，我們仍然能找到一線生機。

連死神也怕咬緊牙關的人

能夠咬緊牙關走過艱難的人，在他們身上都有一股十分驚人的支持力量，那是擊敗厄運之神的重要武器。

傳說死神也怕咬緊牙關的人，那是不是代表命運就掌握在我們的手中，連奇蹟也掌握在我們手中嗎？

是的，只要你能微笑地面對生活中的低潮，能笑著走過生命中最艱困的日子，那麼讓人驚嘆的奇蹟便會發生在你身上。

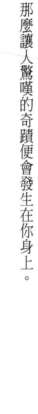

羅伯特和瑪麗終於攀爬到了山頂，一同站在山峰上眺望。

羅伯特忍不住讚嘆：「親愛的，妳看山下的那座城市，在陽光的照耀下竟是如此美麗！」

瑪麗開心地仰起了頭，跟著也驚呼：「你看，那藍天上的白雲，你感覺到了嗎？這兒的風好柔軟啊！」

兩個人開心得像孩子般，手舞足蹈起來，但是就在他們開心得忘形時，悲劇竟在這個時候發生。

羅伯特一躍竟一腳踩空，高大的身軀頓時被甩了出去，旋即便朝著萬丈深淵滑了出去。

眼看丈夫就要墜入深淵，正蹲在地上拍攝風景的瑪麗，連思考的時間都沒有，便下意識地一口咬住丈夫的上衣，倉促之間，雙手正巧緊緊地抱住立在她身邊的一棵樹。

眼前的景象是，懸在空中的羅伯特，正由兩排潔白的牙齒拉住，危急的情景像幅畫般，定格在高空崖邊，令人震懾。

因爲承受了極重的力量，瑪麗脆弱的牙齒開始動搖，慢慢地滲出了鮮血。但是，世界眞的有奇蹟，因爲瑪麗最後不僅撐過了這個痛苦的難關，也救回了丈夫的性命。

有人問瑪麗：「妳怎麼能撐那麼長的時間啊？」

瑪麗張開缺了幾顆牙的嘴，說：「我也不知道，當時在我腦子裡只有一個念頭：『我絕不能鬆口，否則羅伯特肯定會死！』」

這個奇蹟般的事蹟很快傳遍了各地，有人下了評註說：「看來，死神很怕『咬緊牙關』的人！」

相當震懾人心的故事，想像著瑪麗懸在半空中並緊咬著丈夫的畫面，閱讀至此，一定有許多人的情緒都跟著繃緊起來。

在那個剎那間，我們都看見了生命的潛能，那是在非常時刻才被激發出來的無限潛能！

死神確實害怕咬緊牙關的人，因為能夠咬緊牙關走過艱難的人，在他們身上都有一股十分驚人的支持力量，那是擊敗厄運之神的重要武器，也是保護自己不受困厄擊倒的重要盾牌。

再怎麼辛苦，我們都不能輕易放棄，因為沒有人可以測量出我們身上的眞正潛能，我們唯一可以確定的是：「只要我們能咬緊牙關，無論遇上了多麼艱困的險境，都一定能走過。」

除了速度，你還需要耐力

每個人的能力有限，你不一定是跑得最快的那一個人，但是你一定要有耐心，跑完全程。

現代人凡事都講求速度，心理的速度、流行的速度、消費的速度、浮光掠影的速度、走馬看花的速度，似乎非要能把握「快、狠、準」這個原則，才能稱爲現代人。

但是，你知道嗎？速度快未必就是好，因爲，如果缺乏耐性，那麼除了速度之外，你什麼也沒得到。

一位著名的長跑教練到陌生的城鎮物色年輕的選手，其中有個男孩潛力十足，引起了他極大的關注，教練把自己的電話號碼留給這個男孩，囑咐他當天下午打個電話給他。

到了下午，教練的電話響了，可是只響了六聲就沒了。過了一會兒，電話鈴又響了，這一次，響了七聲。第三次，電話鈴才響了一聲，教練就立刻把電話接起來。一聽，果然是那個男孩打來的。

教練接著問他，前面幾次電話是不是他打的，男孩承認了，所以，教練決定不收這個孩子做自己的隊員。

他說，電話鈴聲一般是響了十下之後沒有回應才掛斷的，可是那個男孩撥了三次電話，前兩次都是響沒幾聲就中途掛掉，之後再重撥，如果不是他不懂禮貌，就是他非常沒有耐性。他強調，「禮貌」和「耐性」等於是一個長跑選手的生命，因爲懂禮貌，所以能夠貫徹運動家精神；因爲有耐性，所以可以堅持到最後一分鐘。

頭兩次，教練故意不馬上接起來，爲的就是想考驗一下對方的耐性。結果男孩令他很失望，連幾秒鐘都不願意等待了，哪能指望他去跑馬拉松嗎？

長跑眞是一種吊詭的比賽，一方面比誰跑得最快，另一方面又要比誰撐得最久，與速度抗衡的，就是耐性。

所謂的第一，不是現在的第一，而是最後的第一。有記者訪問前美國總統柯林頓，「當總統最需要什麼？」柯林頓回答：「是耐心。」

因爲有耐心，所以可以泰山崩於前而面不改；因爲有耐心，所以可以和對手周旋到最後一分鐘；因爲耐心，所以沈著，所以聰明。

每個人的能力有限，你不一定是跑得最快的那一個人，但是你一定要有耐心跑完全程。

快樂的心境會感染別人

快樂的心境會感染別人，帶給自己和他人快樂的事物，並不一定很昂貴，並不一定很難得，重要的是樂於分享的心情。

英國老政治家迪斯雷里曾經說過一句名言：「人類難以控制環境，然而，卻能掌控自己的心境。」

我們身處什麼樣的環境，也許不是由我們決定和掌握，但是，只要我們願意讓自己快樂，絕對可以藉由快樂的心境感染別人。

有時候，我們會因爲自己的匱乏而不開心，會因爲自己的失去而難過。可是，我們也會因爲一點小小的獲得而感到開懷，而且當心裡的快樂積聚到一定的程度，會迫不及待地想與他人分享。

有個女孩結婚以後，就隨著丈夫一起搬到離家約八百英里地方。那麼遠的距離，回娘家的機會自然不多，和父母親相見變得極爲難得。

有一年的母親節，她打電話回家問候。能夠聽到母親的聲音，自然很令她開心，但是聽見母親絮絮叨叨地說院子裡的丁香開得多好時，她的眼淚忍不住落了下來。

一想起自己已經很久沒有聞過滿園丁香的芬芳香氣，想家的情緒頓時在心頭蔓延；悵然若失掛上電話，她的心裡仍然不能平復，想著想著就坐在廚房裡低聲地哭著。

她的丈夫聽見哭聲，不禁詢問她傷心難過的原因。聽完以後，丈夫突地站起，拿起車鑰匙，要她更衣換鞋，順便幫孩子準備準備，全家隨即出發，沿著羅德島北岸行駛。

這天天氣極好，道路兩旁綠林扶疏，開著開著，他們來到一處小丘。丈夫帶頭走在前面說：「跟我來！」剛爬上半山腰，妻子就嗅聞到一陣花香。大家忍不住跑了起來，一登上丘頂，迎面而來的是一片翠綠，其中點綴著淡紫色的花朵。

妻子興奮地把臉埋在花叢裡，盡情地陶醉在迷人的花香之中。他們摘了一朵又一朵丁香花，每個人都捧了滿懷，全身都沾染了丁香的芬芳。

他們載了滿車的花香回家，就在快到家的時候，路經一家療養院，院前的草坪上，有幾個坐著輪椅的老太太正在曬太陽。

妻子突然要丈夫停下車，然後跑進了那家療養院的草坪，把懷裡的丁香花分送給那幾位老太太。看見本來茫然地呆望前方的老太太們，因爲突然出現在膝頭的花朵而綻露微笑，妻子臉上的笑容變得更加燦爛。

她揮著手回到車裡，孩子們好奇地問：「媽媽，妳認識她們啊？不然，爲什麼要把花送給她們？」

妻子回答：「不，我不認識她們。在母親節這樣的日子裡，她們卻沒有人陪她們一起度過，表情看起來那麼寂寞。我有你們的愛，也有我媽媽給我的愛，我想讓她們知道，我有好多的愛可以分享給她們。我也很想把花送給我的媽媽，但是她住的地方太遠了。」

隔天，丈夫回家的時候，又帶回了幾株丁香的花種，就種植在院子的四周。現在，每年一到五月，家裡的院子就洋溢著丁香花的香味；而每到了母親節，孩子們就會採集院子裡的丁香花，爲路過的每一位母親微笑祝賀。

這個女孩從被父母疼愛的女兒變成被丈夫疼愛的妻子，過程中有所失去，也有所獲得。她離家展開了新的生命旅程，也被迫離開原本緊密連結的成長環境；她樂意接受新的生活，但也感傷自己不得不勇敢割捨的過去。這種情緒，想必是不少女人心中的感受。

再怎麼想念，娘家也不可能天天回去，再怎麼想對父母撒嬌，有些責任還是要兼顧，女人終究得在自己的家庭裡安身立命。

這名女孩其實很幸運，擁有疼愛她的丈夫和自己疼愛的孩子，擁有一個極爲幸福的家庭。這趟找尋丁香花的旅程讓她發現自己擁有的幸福，幫助她找回心中的快樂。

最可貴的是，在她感覺自己快樂滿溢的時刻，不忘分享自己的快樂。療養院裡的老太太們，或許兒女沒有空，或許兒女像女孩一樣思念母親，恨不得飛奔前來待在她們身邊，但終究是不能。女孩把手裡的丁香分送出去，讓花香不只沾染他們一家的快樂，同時也把更多快樂發散出去。

快樂的心境會感染別人，帶給自己和他人快樂的事物，並不一定很昂貴，並不一定很難得，也許只是一朵小小的鮮花和幾句問候而已，重要的是樂於分享的心情。

不甘於平凡，就有可能不平凡

人生在世總有道不完的苦處，只有不怕吃苦的人才有苦盡甘來的時候。態度決定你的人生高度，只要下定決心改變，機會就會出現。

成功學大師戴爾．卡耐基曾說：「人在身處困境時，適應環境的能力，通常比在順境時更為驚人。」

只要是人，都具備忍受不幸、戰勝困境的能力，重點就在於感覺痛苦之時，能不能適時改變態度，將驚人潛力發揮出來，幫助自己走出困境。

我們可能很脆弱，但只要我們有決心，就一定能變得堅強；我們可能不富有，但只要有足夠的毅力，必定可以讓自己脫離貧窮。

亞藍．米穆出生在非常貧窮的家庭，從小就非常喜歡運動，只要是和運動相關的課程，都有相當優秀的表現。

但是，很可悲的是，所有和運動相關的活動，背後都需要金錢支撐，米穆即使很想在運動界展現抱負，但其實有很多運動都沒有辦法加入，因為他連球具、球衣、球鞋都沒有。

家裡窮得都沒飯吃了，哪有可能讓他採買那些奢侈品？

踢足球的時候，米穆是光著腳踢的。他的母親好不容易省吃儉用幫他買了一雙帆布鞋，是讓他上學穿的，如果他穿著鞋踢球，勢必會快速磨損，到時不只沒鞋穿，還會被老爸揍得半死。

隨著米穆長大，日子並沒有轉好，反而變得更糟。小學畢業後，為了生活，米穆到咖啡館當跑堂，賺取微薄的工資，但每天還是會花一點時間運動。他選擇跑步，因為跑步是唯一不需要額外開銷的運動。

每天上班前，米穆都不停地跑步，後來參加法國田徑賽一萬公尺長跑，獲得了季軍獎盃。第二天，他又參加五千公尺比賽，更得到了第二名，也因此爭取到參加倫敦奧林匹克運動會的參賽資格。

從此，米穆一路跑向世界競賽殿堂，獲得倫敦奧運一萬公尺長跑亞軍、赫爾辛基奧運五千公尺亞軍，以及墨爾本奧運馬拉松競賽冠軍。

這段歷程裡，米穆走得並不順遂，由於膚色的關係，許多人並不認爲他是法國人，甚至有人在他獲得亞軍的時候，嗤笑地說：「那個第二名是誰啊？肯定是個北非人，你瞧，他們就是因爲天氣太熱了才會跑得那麼快。」但是，種種的冷嘲熱諷，米穆都放在心底，不讓自己被那些惡毒的言語擊垮。

米穆靠著自己的力量一路往前跑，終於跑出了聲名。能夠連續三屆代表法國出賽奧運，並且奪得獎牌，這在運動界是相當難得的殊榮。

後來，米穆獲得了法國國家體育學院的聘書，得以擔任體育教師，協助國家培訓更多有潛質的選手。他不再需要到咖啡店工作，不用再每天天未亮就起床練習長跑，但是回味起曾經歷經過的辛苦，他總是說：「我喜歡咖啡的滋味，喜歡那種香醇，也熱愛那種苦澀。」就好像他的人生歷程，歷經幾番苦澀的煎熬，終於得以品味苦盡甘來的香醇。

人生在世總有道不完的苦處，只有不怕吃苦的人才有苦盡甘來的時候。米穆的人生經歷給我們一個啓示，只要你不甘於平凡，你就有可能會不平凡；當別人看輕你、環境折磨你的時候，就是你自我砥礪的時刻。

人必須對自己負責，想要過什麼樣的人生，就靠自己的力量追求；想朝哪個方向發展，就引領自己的腳步前往。

只會站在原地等別人伸手拉一把，未免太過於消極，相對也會減低別人給你機會的意願。

態度決定你的人生高度，只要下定決心改變，機會就會出現。

想成功，就得爲自己設下努力方向，只要選定了目標，即使有人將你擊落谷底，你還是有機會攀上山頂。

成功的跳板就在我們身邊

只要我們的企圖心強，只要我們的膽識過人，只要我們的智慧充實，那麼，許多人事物都會是我們的成功跳板。

現實生活中，很多人都感慨自己欠缺機會。對這種說法，英國詩人約翰・戴維斯很不以爲然，他曾經這麼寫道：「錯誤堵塞心靈的窗戶時，我們還有什麼判斷力？還有什麼辨別力？」

機會眞的看不見嗎？還是你總是退縮，害怕前進呢？

其實，每個人都有許多機會。只是因爲個人的膽識與能力不同，而讓原本均等分配在你我手中的機會，在悟性不足或探尋不力的情況下，發生老是等不到機會的窘況。

在二次大戰期間，德軍佔領的芬蘭北方，出現了一個神秘的游擊組織，那是由英國飛行員約翰尼所領導的反抗組織，由於他好幾次突擊成功，他很快地便成爲當地的英雄人物。

直到芬蘭解放後，盟軍開始尋找這位神秘的英雄人物，然而根據官方的調查顯示，約翰尼在德軍退守前便因病去世了。

最讓人難以置信的是，英國皇家空軍最後還發現，在他們的飛行員名單中，居然沒有約翰尼這個名字存在。

但是，爲什麼這個名叫約翰尼的人事蹟卻如此普遍地流傳著呢？

後來，這個反納粹組織的游擊隊員也對外公開表示：「老實說，我們從未見過我們的領袖。」

「你們沒有見過約翰尼，那麼你們怎麼知道他的指令與計劃呢？」

「一切行動，全由一位名叫安妮的小女孩傳達。」

後來，盟軍找到了安妮，也終於弄清了事情的眞相。

原來，安妮和弟弟一直很想參加當地的游擊隊，但因爲年紀太小，沒有人願意答應他們。

直到有一天晚上，他們在家門口發現了一位受重傷的英國皇家飛行員，很高興自己終於有機會參與這項抗戰任務。

儘管這兩個孩子盡心盡力地照顧這位飛行員，但他實在受傷太嚴重，最後還是因傷勢過重而去世了。

姐弟倆第一次面對死亡，十分傷心，然而就在這個時候，小弟弟竟天眞地說：「如果飛行員不死，他就能領導我們展開反抗運動了。」

安妮聽見弟弟的話，忽然心生一個念頭：「嗯，雖然他已經死了，但是我們仍可運用他的名義，展開抗戰行動。」

於是，姐弟倆將飛行員的遺物和證件收好，並積極策劃一個游擊小組，接著便對外聲稱，這個是由英國皇家飛行員領導的組織：「爲了保護領導者的安全，將由我們姐弟倆執行訊息的傳遞。」

因爲有飛行員的證件，也因爲他們姐弟倆只是個傳聲員，所以人們很快地便相信他們的話；原本缺乏援助的游擊隊，一聽見有英國的皇家飛行員挺身當他們的領導，一下子便凝聚了人氣，也增加了大家的信心。

一時間，士氣大振，游擊隊多次出擊令德軍連連敗退，最後終於成功地讓德軍退出芬蘭。

後來，盟軍領袖問安妮說：「妳爲什麼不親自出面呢？」

安妮認眞地說：「不行啦！我們只是鄉村小孩，連加入戰鬥小兵都不被接受了，如果我們出面組織游擊隊，有誰會相信我，願意跟我走呢？」

盟軍笑著說：「於是，你們就借用了『虛擬英雄』的力量來號召啊！」

安妮點了點頭，接著又不好意思地問：「這不算欺騙吧？」

積極救國的安妮，竟能勇敢地借用英雄之名，不僅充分表現出她的膽識，更突顯出靈活的思維與積極的行動，將創造出一股無與倫比的巨大力量，而這也正是在混沌局勢中，擁有智慧與勇氣的人得以突圍而出的主因。

從安妮的成功經過中，我們也發現了一件事，仔細看看我們身邊的人事物，只要我們的企圖心強，只要我們的膽識過人，只要我們的智慧充實，那麼，許多人事物都會是我們的成功跳板。

生活的決定權在我們手中，事情能否迎刃而解，關鍵不在問題的難易程度，而是在我們是否有決心解決，又是否對自己的解決能力充分相信。只要這兩項都是肯定的，無論我們遇上什麼困難，也都能像安妮一般，緊緊把握住每一個躍向成功的機會。

每一個孩子，都需要父母關注

親子互動間的差別待遇，往往是兄弟姐妹之間爭吵的重要關鍵，父母必須要多為自己的孩子設想，盡量達到公平，才不會多起紛爭。

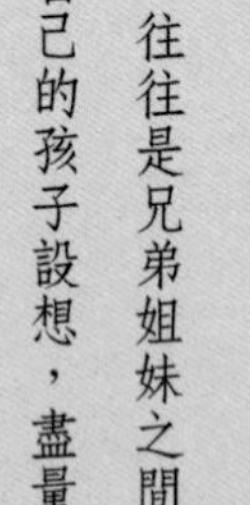

成人在教育小孩的時候，經常遭遇到的最大問題是，不知道小孩心裡在想些什麼，以及如何體會小孩的感受和情緒。

無論年紀大小，每個孩子都需要父母的關愛。父母親要學會以各種不同的方式，適時展現自己對每個孩子的重視和關心，這樣，才不會使得某些小孩在長期缺乏關注的情況下，有了異常行爲出現。

有一天，柯維決定帶著兩個兒子一起來一趟「男人的旅行」，於是安排了一系列只有他們父子參加的活動。他帶著孩子去看體操表演和拳擊比賽，只要孩子想吃東西他就買，最後還一起看了一部兒童愛看的喜劇片。

儘管柯維從電影一開場就無聊得想睡覺，但還是覺得自己安排的這一系列活動，對於增進父子情感很有幫助。

電影到一半，四歲的小兒子蕭恩因爲體力不支，坐在椅子上睡著了，於是柯維便把他抱到自己的腿上。電影看完以後，柯維把蕭恩安置在後座，因爲晚上很冷，便脫下外套蓋在他身上。

坐在前座的大兒子史蒂芬一路都異常得沉默，柯維不禁想，難道他並不覺得今天過得很開心？

車子裡的氣氛悶到最高點，柯維強迫自己一定要沉住氣，不可以發脾氣。他看得出來史蒂芬有心事，但不明白什麼地方出了差錯，一整天大家不是都玩得很開心嗎？

回到家，柯維先把蕭恩送上床。等到史蒂芬換妥睡衣，刷好牙，柯維已經在他的房間裡等他。

柯維躺在史蒂芬身邊，把他摟進懷裡，問：「史蒂芬，你覺得今天晚上過得如何？」

史蒂芬小聲地說：「還可以。」

柯維繼續問：「那你開心嗎？」

史蒂芬仍然說：「還可以。」

柯維又問：「那你最喜歡的是什麼？」

史蒂芬久久沒有回答，柯維感覺到懷裡的小小身體正在顫抖著，而後聽見兒子抽噎哭泣的聲音。

柯維把他抱轉過正面來，問道：「史蒂芬，怎麼了，你哭什麼？」

史蒂芬撇著嘴，滿臉淚痕，哽咽地問：「爸爸，要是我覺得冷的話，你也會給我蓋外套嗎？」

原來，再怎麼有趣的活動，也比不上父親下意識的關愛舉動。史蒂芬一整天下來當然很開心，但是，他發現父親在不自覺的情況下，特別照顧較年小的弟弟，當然會覺得自己受到冷落。他並沒有想要爭寵的意思，只是希望同樣能夠獲得父親的關愛。

較大的孩子，通常是父母親的小幫手，樂意幫忙照顧弟妹。由於他們懂事，常常會讓父母忘記了，他們其實也不過大了幾歲而已。

親子互動間的差別待遇，往往是兄弟姐妹之間爭吵的重要關鍵，父母必須要多為自己的孩子設想，盡量達到公平，才不會多起紛爭。

PART 5

何必用恨意折磨自己？

鎮日委屈自己，任由放不開的情愫折磨，

其實只是自尋苦惱，

除非你愛上那樣的滋味，

否則何不放手讓彼此自由？

用感激的心情面對當下的環境

與其抱怨才智難伸，不如用更積極的態度去面對當下的環境，懷抱感激之心，不僅能讓人懂得珍惜把握。

不管是在工作上還是一般待人接物中，常帶微笑的人始終比板著面孔的人更具有說服力，也更容易讓人對他產生信心。

帶著正確的生活與工作態度，才能讓我們自信地走向未來。

畢業後，便順利投身職場的漢德森，在一間小公司工作一段時間後，便很幸運地成功轉換到另一間大企業公司中任職，在這間有上千名員工的大公司裡工作，漢德森不像過去一樣事事都得自己來，優點是可以讓他更專注於自己所擅長的工作上。

當然，有優點自然就有缺點，因爲在這個人才濟濟的大公司中，漢德森發現他的伸展舞台變小了，再也無法像從前那樣揮灑自如。這一點對想積極展現自己的漢德森來說，當然是一件非常糟糕的事：「要怎樣才能讓主管們知道我的能力呢？最起碼該讓他們先認識我吧！嗯，對一個新進人員來說，我應該先加強自己的競爭實力，才有機會展現我的能力。」

不過，幾千名員工每天在公司中進進出出，每張嚴肅的面孔像似陌生的過客般，想讓主管們一眼認出或是記住自己，恐怕不是件容易的事。

「我該怎麼做才能讓主管發現我，並記住我呢？」漢德森每天都反覆地思考著這個問題。

時間眨眼便過，又到了年底發放年終獎金的時候了，這對辛苦一年的員工們來說雖然是最快樂的時刻，卻也是他們幫公司「反省」的最佳時候。

不管自己拿到了多少獎金，也不管對方是否熟識，他們還是能靠著這個共同的話題熱烈交談。有人批評獎金的公平與否，有人諷刺主管的不知體恤，似乎沒有對公司提出一點批評或埋怨，就不是這間公司的一份子一般。

辛苦工作了一年，發發牢騷也確實情有可原，不過，在這個時候還是有個人沒有加入這個批判行列，他正是漢德森。

因爲，第二天他將一封封感謝函送往公司幾位主管及總經理的桌上，上面寫著：「您辛苦了，在這個時候我很想表達心中的謝意，非常感謝您這一年來的指導與教訓，漢德森。」

這天，漢德森「又」在電梯裡碰到了總經理了。

沒想到總經理突然笑著對他說：「咦，你是漢德森吧！你一會兒到我的辦公室來，我想和你好好聊一聊。」

你的抱怨還是很多嗎？你一整年都是帶著這樣的態度在工作嗎？

如是答案是肯定的，那麼請坦然地接受你「有志難伸」的現實吧！

因爲，對機會而言，最厭煩的事正是聽見埋怨，因爲它知道，一個只會不住埋怨的人，根本不知道要怎麼發揮自己的才能，更不知道如何把握它，與其留在一個不懂得珍惜的人手中，不如飛向另一個合適的對象。

其實，獲得機會的方法一點也不難，只要我們用正面積極的態度去尋找，便能在某個小角落找到千載難逢的良機。

就像漢德森一樣，爲了幫自己爭取機會，他糾正了自己的工作態度與方向，沒有像其他人一般宣洩情緒。從中，我們可以很清楚地看見，漢德森抓到了感激與回饋之間的互助關係，更以積極態度面對公司與自己的未來。

與其抱怨才智難伸，不如用更積極的態度去面對當下的環境，懷抱感激之心，不僅能讓人懂得珍惜把握，也讓人更懂得付出的眞義，終有一天一定會得到相同的回饋。

懂得變通，就能成功

在非常時候要有非常鎮定的判斷力，更要有毫不遲疑的行動力，一旦猶豫，即使只有一秒，也可能會是最關鍵性的一秒。

日本知名作家池田大作曾經說過：「權宜變通是成功的秘訣，一成不變則是失敗的伙伴。」

的確，想要成功，必須懂得變通，不能故步自封、一成不變，就像一艘航行在大海的船隻，如果想要行駛到達目的地，遇見風浪之時，必須懂得如何見風轉舵一樣。

不論我們身處什麼樣的絕境，最終都一定會有出口。

如果前方出現了一道阻擋的高牆，我們大可回頭走，畢竟入口也可以是個出口，不怕一切從頭，只怕你放棄了一切。

美國空軍上校布魯斯．卡爾是一位重要飛行員，一九四四年十月，卡爾隨同部隊進駐法國，並不斷地與法西斯軍方在空中搏鬥。

同年十一月，他飛到捷克上空作戰時，雖然擊毀了兩架敵機，自己也不幸地被敵方擊中。更不幸的是，被迫棄機跳傘逃生的卡爾，最後還迫降在敵方的佔領區內。

因爲這個錯降，卡爾可說是吃盡了苦頭，他不僅要忍受寒冷與飢餓，還要不斷地躲避敵人的追捕。

後來，卡爾憑著第六感，順著一條崎嶇小路前進，終於找到德軍一個臨時機場。他立即躲進一個戰壕裡，並慢慢地觀察、記錄他們的一舉一動。最後卡爾發現，就在自己藏身處不遠的地方，正停放了一架德軍飛機，雖然那是一架性能不佳的小型戰鬥機，但是，他看見機務人員剛剛完成維護工作，還裝滿了油料。於是，他預估，一會兒就有德軍飛行員要去執行任務。

當時的卡爾心想：「不如就『借用』這架德軍飛機，返回我方基地。」

當這個「借用」的念頭一出現，卡爾便毫不遲疑地越過鐵絲網，偷偷地鑽進了這架飛機的座艙。

在微弱的月光中，他忐忑不安地摸索著並不熟悉的座艙設備等等，只見他果決地拉起啓動桿，然而無論他怎麼拉，飛機居然毫無反應。

「糟糕！難道判斷錯誤？」

情急之下，卡爾下意識地將啓動桿一推，沒想到反而聽到了發動機開始轉動的聲音，在一片寂靜中，這聲音給了卡爾一股重生的希望和溫暖。

憑著經驗，他大膽地推動油門，機體發出了一陣轟鳴聲，便慢慢地開始往前滑動。然而就在他安全飛上天空前，他卻發現，這架飛機上居然沒有降落傘和飛行帽，更糟糕的是，機上的無線電通聯器居然也無法使用。

這時卡爾已經無法多想了，趁著其他德兵似乎還沒有發現時，立即向上一拉，往天空呼嘯而去。

德軍眞的沒有發現他，卡爾總算放心了。

只是他沒有料到，以為一切安全的他，卻因為無線電故障，無法與戰友們連絡，反而讓他吃了好幾顆自己人的子彈，所幸飛機沒有被擊中，讓他能有驚無險地迫降在基地的停機坪上。

當滿腹委屈的卡爾從座艙中爬出來時，立即被士兵們團團圍住。

這時，卡爾的上司認出了他，看著蓬頭垢面的他，忍不住哽咽地罵道：「卡爾！你這傢伙跑到什麼鬼地方去了！」

在場的戰友們這才發現：「是卡爾！」

發現敵機上坐的竟是失蹤已久的卡爾，戰友們紛紛上前擁抱他，每個人幾乎都感動得泣不成聲。

日本心理學家德田虎雄曾經這麼提醒我們：「一個人走在路上，最重要的事情是必須注意轉彎。」

其實，走在人生的大道上也是相同的道理，也就是說，如果如果你想要早點成功，除了堅持到底之外，最重要的是在該轉彎和變通的時候，千萬不能食古不化、固執己見，否則只會讓自己離成功的目標越來越遠。

在非常時候要有非常鎮定的判斷力，更要有毫不遲疑的行動力，因爲一旦猶豫，即使只有一秒，也可能會是最關鍵性的一秒。就像卡爾一般，只要他當時的步伐有所遲疑，恐怕早已成了戰俘，無法回到戰友們的身邊了。

從故事中，相信你也得到了不同的生活啓發，試想，當我們在決定行動的時候，是否也有很多顧慮，其中更有許多不必要的考慮呢？

要想爭取機會，我們就要懂得變通，如此才能增加行動活力，也才能比別人更精準地把握住成功的機會。

何必用恨意折磨自己？

鎮日委屈自己，任由放不開的情愫折磨，其實只是自尋苦惱，除非你愛上那樣的滋味，否則何不放手讓彼此自由？

愛情擁有很大的力量，可以讓兩個人不顧一切地在一起，可能改變兩個人的生活，也可能製造出許多的奇蹟。然而，當這股巨大力量消褪的時候，又該如何面對？

有人總是勸失戀的人說：「愛過、失去過，總比完全沒愛過來得好。」

只不過，這句話對那些失戀的人，一點安慰作用也沒有，因爲曾經有過戀愛的甜蜜，面對失去，更讓人難以忍受。

這種時候，與其苦口婆心地安慰他們忘了失去什麼，不如讓他們靜下心來仔細想想，在這場戀情中自己獲得了什麼。

麥克和安琪從大一相戀開始，交往了三年多，畢業後，頗有運動天分的麥克更在安琪鼓勵之下加入了職業球隊，完全改變了他的生活。在戀愛、事業兩相得意的時候，麥克曾經覺得自己是世界上最幸福的人。

誰知，有一天安琪竟然對他說自己愛上了別人，想要和他分手，讓他覺得自己的世界整個崩毀了。

安琪說：「麥克，你是個好人，我還是很在乎你，希望我們永遠都是好朋友。」但是麥克卻忍不住嗤之以鼻，朋友？分手的戀人怎麼當朋友？

一想安琪的新男友，他就一肚子火，心想要是看到那傢伙，一定要衝上去把他揍扁。

就這樣，麥克開始陷入了一連串的低潮，最後連練球都不專心，比賽時還發生了嚴重失誤，使得一向愛才的教練再也看不下去了，不只在場上痛罵他一頓，還要他比賽結束後立刻到辦公室報到。

在教練追問下，麥克才把自己的情事攤開來講。他不明白爲什麼安琪要離開，他不懂自己到底做錯了什麼。

他失聲怒吼：「爲什麼！我那麼愛她，她卻和我分手，我事事爲她著想，她要我做什麼我就做什麼，我付出那麼多，到底得到什麼？」

教練讓他發洩了一陣，然後拿出紙和筆，丟到麥克眼前，說：「你得到了什麼？很好，這是個好問題！紙和筆給你，你就坐在這裡好好想一想，在這場戀情裡，你到底得到了什麼。」

教練要麥克仔細回想他和安琪交往後的一切，鉅細靡遺地記錄下來，好的壞的都可以寫，然後寫下從對方身上得到的經驗。

麥克拿著筆，對著白紙，開始回想他和安琪交往的情形。他記得自己如何鼓起勇氣約安琪出來，安琪接受邀約又如何使他感到開心；他記得自己在安琪鼓勵下加入足球隊；他記得自己曾和安琪吵架，後來重修舊好，學會溝通、協調和讓步……

隨著點點滴滴的回憶，他記起了好多好多快樂的片斷。雖然和安琪分手令他傷心難過，但是，他們曾經一起留下許多值得珍惜的過往回憶。

嚴格說起來，在這段戀情之中，他獲得的或許比安琪還要多。寫到後來，麥克頗有感悟，很慶幸自己曾經擁有過這樣一段戀情，如果沒和安琪談戀愛，說不定此刻他將會是另外一種人，過著另外一種生活。

愛因斯坦曾經說過：「人只有懂得改變對困境的看法，才能找到衝出困境的方法和做法。」

在情感方面的經營也是如此，唯有懂得隨時調整自己心境的人，才能走出感情的困境，不會老是用恨意折磨自己。

麥克或許一時還不能走出情傷，但至少不再對過往抱持著恨意，他不再認爲那段戀情白白浪費自己的時間，他不再否定安琪，也不再否定自己。

很多時候，曾經相愛的兩人之所以分手，不是誰對誰錯的問題，而是緣份淡去了。愛情逝去就逝去了，再如何挽回，也挽不回對方已愛上別人的心。情緣已盡，假使將過往的所有一切全數抹去，而以恨意替代，其實受折磨的，只會是自己而已。

能夠瀟灑放手，爲對方祝福，不也是一種愛意的表現？

試圖強抓著舊情不放，又怎麼會有新愛入得了你心？鎮日委屈自己，任由放不開的情愫折磨，其實只是自尋苦惱，除非你愛上那樣的滋味，否則何不放手讓彼此自由？

你必須學會和孩子一起成長

你不能讓孩子生活在玻璃城堡，你不必什麼事都幫孩子做得好好的。你必須做的是：和孩子一起學習，一起成長。

對於許多人來說，小時候，父母就像神一樣無所不能，也像英雄一樣令人敬佩，彷彿什麼問題都能輕易解決。

但漸漸的，隨著年歲長大，孩子就會發現，其實父母也是人，也有做不到的事，也會害怕，也會失敗，甚至不能在每個危急的瞬間順利拯救自己。這些成長經歷會讓孩子知道，有很多時候，得學會自己照顧自己。

有一天，史迪克在院子裡玩耍，結果爬上了樹卻下不來，只好死命抱著樹幹，哭著喊爸爸。

聽到求救聲，他的父親隨即從屋子裡衝出來，一腳踢開門，以最快的速度奔向院子。然後，史迪克懸空的腳被父親抓住，心也跟著放下，因爲他知道有爸爸在，自己就安全了。

幾年後，史迪克又爬到更高的樹上，又面臨了一次進退兩難的情況，但這次叫爸爸的絕招不靈了，因爲他的父親正在離家幾十里的地方開會。最後，史迪克抱著樹幹滑落，手肘骨折，只好打上石膏。

不過，這一次史迪克並沒有感到恐懼和害怕，反而有種勇敢歷險之後的得意感，在爸爸回家的時候，高興地展示自己的石膏手環。

這樣的表現，證明史迪克已經漸漸長大，他也發現這個事實，知道有些事自己就能做到，不用依賴父親。

這種自我征服的成就感，越來越明顯。

史迪克的父親對這個事實感到既欣慰又黯然。欣慰的是，曾經幼小到無時無刻不得不依靠父母保護的孩子，現在終於日漸成熟爲一個獨立的個體；黯然的是，自己再也無法成爲孩子唯一的超級英雄，無所不能、無所不在地爲孩子解決問題。

面對孩子的成長，許多父母都和史迪克的父親一樣既高興又失落。雖然孩子漸漸獨立、成熟，意謂著父母不用再多操心，也不用再事事出手協助，終於可以開始爲自己而活，但是，那種被人需求的感覺，相對也隨著孩子的成長而慢慢被剝奪了。

孩子們會開始要求獨立空間，拒絕你未經同意就擅入；他們會開始追逐新的偶像，儘管那簡直是讓你嘔吐的對象；他們會開始嘗試各種新挑戰，而你可能一點也幫不上忙。

事實上，許多時候，不能適應的反而會是父母。

沒有人天生就會當父母，孩子偶而出點差錯，父母要學會寬容。面對孩子，父母需要付出關愛，畢竟眼前這個小不點，不管是好是壞、可愛或不可愛，都是因爲你才來到這個世界的，你有義務讓他能獨立存活在這個世界上，直到那時，你的責任才能完了。

所以，爲人父母的你，最好有這樣的認知：你不是無所不能的存在，你不用只能給孩子最好的；你不能讓孩子生活在玻璃城堡，你不必什麼事都幫孩子做得好好的。你必須做的是：和孩子一起學習，一起成長。

而且，時候到了，該放手就該放手，如何度過沒有孩子的人生，將是人生的下一個學習課題。

用心，才能突破瓶頸

只要多用一份心，坦然地面對問題與缺失，不僅能迅速地填補缺漏，更能緊抓住事情發展的重要關鍵，踏入成功的領域。

莎士比亞告訴我們：「千萬人的失敗，失敗在座是不徹底，往往做到離成功還差一步，便終止不做了。」

唯有絞盡腦汁突破臨界點，你的人生才會有新的起點。

流行的風向將往哪兒去，時尚的需求有哪些東西，方向就在你的腦海中。只要你能比別人多花一分鐘想想，很快地你便會驚呼：「我想到了！」

成功就是這麼簡單，很多人之所以無法達成，那是因爲他們面對困難時總是

比別人少堅持一分鐘！

瑪莉是一位英國服裝設計師，這天黃昏，她照慣例來到街頭散步。

忽然，有一群漂亮的女孩子經過她身邊，瑪莉微笑地看著她們，她們也回應她一個笑容後，便開始聊她們女孩家的心裡話。

有個女孩說：「妳們看，現在流行的服裝眞乏味，一點也不好看！」

另一個女孩也呼應說：「是啊！妳看這條破裙子竟然流行到現在，實在很難看，眞想把它剪壞、丟掉。」

瑪莉聽見女孩們的抱怨，感覺十分羞愧，心想：「身爲一個設計師，的確要多一些創新，讓女孩們從服裝上表現出青春活力！」

瑪莉認眞地想了又想，忽然，驚呼道：「剪！是啊，如果我把裙子再剪短一些，那不就能充分展現女孩們的美麗身材和青春氣息嗎？」

於是，瑪莉停止午後休閒活動，立即奔跑回家，動手製作起她的新設計，一件被剪短的裙子。

「短裙子」一上市，很快地便銷售一空，後來，人們也正式給予這件裙子一個名字，叫做「迷你裙」。

從此，迷你裙的風采不僅在英國掀起一陣流行，更在世界各地燃燒出一股熱潮，而瑪莉也因爲這個「剪短的裙子」創意，坐上了流行服裝設計大師的寶座，當然，這個創意發想更爲她賺進了千萬的財產。

因爲一個剪字，讓瑪莉聯想到了青春活力，因爲多一份留意，讓她多思考了一分鐘，也讓她多賺進了一筆非凡財富。

無論你我選擇什麼樣的工作範疇，都要有「比別人多一份心」的態度，因爲這是突破工作瓶頸的自勉力量，也是讓我們挖掘成功湧泉的支持力量。正因爲一切力量始終都源自於我們的心，所以，用「心」探尋的瑪莉能聽見女孩們的「心」聲。

瑪莉的名利雙收，再次地印證了創意人的成功技巧：「只要你能多思考一秒鐘，只要你能多用心一分鐘，那麼你就能看見成功的契機！」

從古至今，這不僅是眾多成功者的共同經驗，也是他們分享成功經驗時的重要體悟。

只要我們能多用一份心，坦然地面對問題與缺失，並積極發現其中缺漏處，那麼，我們不僅能迅速地填補缺漏，更能緊抓住事情發展的重要關鍵，踏入成功的領域。

讓友誼長久維繫下去

如果你不希望你的友誼日漸淡去，請記得小心維繫，時時保持連絡，主動關心對方，也給對方機會關心你。

再好的朋友，也有發生爭執的時候；再親密的愛人，也有因爲意見不合而出現齟齬的時刻。情感這種東西，看似脆弱實則極有韌性；看似堅強，其實也容易說斷就斷。

當情感發生裂痕，如果雙方都不想修補，那麼，裂縫就會越裂越大，最後斷得一乾二淨。

愛德華和一個原本很親近的朋友發生了誤會，兩個人日漸疏遠，幸好，他及時聽從另一位朋友的建議，才得以將這段瀕臨破滅的友誼拯救回來。

在愛德華爲了這件事情煩惱時，剛好一名律師朋友來看他，兩個人一起到附近的林間散步。聊著聊著，兩人談到友誼的議題，愛德華很感慨地說原來有些友誼並不如他想像的那樣，這讓他感到很沮喪。

這位律師朋友則說：「友誼是個很神秘的東西，有些會持續長久，有些則稍縱即逝。」

他以那些廢棄的穀倉爲例說，剛建立的友誼就像是剛蓋好的穀倉，看起來結實牢靠，但隨著年久失修，加上風雨吹打，木頭和鋼材就會銹腐，穀倉隨時都就有倒塌的可能。

朋友語重心長地說：「友誼需要關懷，就好像一座穀倉需要好好維修一樣。該寫的信不寫，該問候的不說，該道歉道謝時視爲理所當然，就好像任由穀倉遭受風雨侵襲一般，時日久了，再堅固的房子也會垮。此外，每一次爭執爭吵，都像是從天上劈下來的雷電，每一次打擊都會對房子造成損傷。剛開始，破損、裂縫都很容易修補，但是，拖得時間長了，或者再來一次更大的雷擊，房子不垮才怪。」

朋友的話，讓愛德華頗有感悟，幾經思量，認爲自己還是相當珍惜這段友誼，並不想因爲無謂的爭吵失去一個好朋友。於是，他對律師好友說：「謝謝你來看我，接下來我知道該怎麼做了。」

從此，愛德華經常主動打電話問候久未連絡的朋友，也經常趁旅行之便前往各地拜訪老友。現在，他更懂得珍惜友誼了。

你有多久未曾和過去的老朋友連絡了呢？有的人可能搬家了，有的人可能結婚了，有的人可能移民海外，或是到對岸當「台幹」……。本來，你們至少會在彼此生日的時候，捎上一張卡片祝福，或者傳通簡訊，打通電話，但一年忘了，兩年忘了，到最後，你已經遺忘上一次和朋友連絡是什麼時候，也發現沒幾個朋友記得你的生日。

是的，友情就在時空的差距下漸漸淡漠成爲模糊的記憶，除非你再重新啓動它，否則被囤積在倉庫裡的友誼，最後就會超過保存期限。當你想要重拾往日情誼，可能需要耗費更多氣力。

如果你不希望你的友誼日漸淡去，請記得小心維繫，時時保持連絡，主動關心對方，也給對方機會關心你，如此，你們的友誼才能長久維繫下去，變得柔韌卻不脆弱。

沒有說出口的愛，不代表不存在

看事只看表面，只會讓自己越來越膚淺。沒有說出口的愛，不代表不存在，全看你如何用心感受。

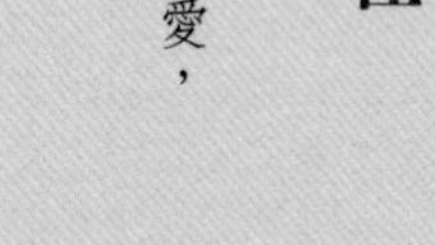

有許多人天天把愛掛在嘴邊，彷彿深怕沒有如此反覆催眠，就會忘了「愛」這件事。也有的人整天要求對方一再重申愛意，彷彿如果沒有得到對方口頭上的保證，就覺得愛得不夠深刻。

可是，這種懸掛在嘴巴上的愛會不會太膚淺了一點?眞的只有那些說出口的愛才算是愛嗎？

在博姆家裡，總管一切大局的是媽媽，至於爸爸則每天上班工作賺錢，以及當媽媽開始條列誰犯了什麼錯誤的時候，由他負責處罰責罵。

在博姆心裡，媽媽的地位永遠高過於爸爸。小時候他偷糖果，爸爸把他打了一頓，要他向商店老闆認錯，最後是媽媽幫他求情的。

有一次玩鞦韆摔下來，摔得頭破血流，媽媽從頭到尾都抱著他，爸爸卻把車子停在急診室門口，和醫院的工作人員吵了一架。當時爸爸的態度非常不客氣，大聲叫吼：「什麼叫做緊急車輛才能停，不然你以爲我這是遊覽車嗎？」過了好久才有醫生來幫忙。

在博姆的記憶裡，父親的影像是模糊的，在他的生日會上，父親永遠只能幫忙做些吹氣球之類雜務，而媽媽則烤了一整天的蛋糕，還細心地爲他插上蠟燭，從廚房推到客廳裡。家庭相簿裡面，全都是媽媽和博姆的照片，幾乎不見爸爸的身影。

後來，博姆離家上大學，每次提筆寫信的都是媽媽，爸爸的字就只會在支票上看到。打電話回家的時候，如果是爸爸接的電話，他就不知道自己該說些什麼，結果爸爸就會接著說：「我叫你媽來聽。」

博姆不懂爲什麼爸爸不愛他，從小到大，就只會說：「你去哪裡？」「什麼時候回家？」從來不會噓寒問暖，從來不曾說過一句關愛他的話。這樣的父親，他幾乎想要恨他了，可是他卻是他的父親。

博姆的父親眞的不愛博姆嗎？當然不是這樣，或許是博姆對愛的認知太膚淺，未曾認眞去看待父親的愛。

博姆受傷的時候，雖然從頭到尾是媽媽抱著他，但是氣極敗壞地開車送他到醫院的難道不是爸爸？他之所以會和醫護人員發生爭執，也是因爲擔心焦急的關係。

在博姆的生日會上，爸爸雖然沒有做那麼多事，不能風趣地吵熱氣氛，但是他難道沒有親自在現場爲博姆慶祝嗎？

從種種的觀察上來看，博姆的父親並不是不愛博姆，只不過從不把愛掛在嘴邊。或許是工作疲累，或許是性格較爲冷然，也可能是不知道該如何表達情感，但是這都不代表他的心中沒有愛，不懂得愛。

法國作家薩爾丹說：「愛就是無限的寬容，些許之事也能帶來喜悅。愛就是無意識的善意，自我的徹底忘卻。」

看事只看表面，只會讓自己越來越膚淺。沒有說出口的愛，不代表不存在，全看你如何用心感受。

得饒人處且饒人是一種寬容修養

有時候對付可惡的人，要懂得「得饒人處且饒人」，這不只是一種寬容的修養，也是一種勸人向善的作為。

這個世界上有好人也有壞人，我們當然應該要尊敬品德高尚、修養良好的好人，但並不代表我們就可以任意輕蔑污辱那些所謂的「壞人」。

《聖經》故事中，耶穌阻止衆人對一名妓女丟石頭，祂說：「自認爲自己從沒做過錯事的人，可以對她丟石頭。」結果，每個手拿石頭的人最後都把手放了下來。

人生在世，誰能無過呢？每個人難免都會有做錯事的時候，只是做得多與做得少的差別罷了，重要的是要有知錯能改的心意。

所謂「勸人向善」，之所以使用「勸」這個字眼，就是強調人的行爲是不會受外力脅迫而改變的，唯有自己打從心底想改變，才改變得了。所以，只能勸、只能教而不能「要」，因爲「要」只是一廂情願的想法，改不改還是對方自己的決定。

當有人做了壞事，一味地指責他卻無法令他心生悔改，那麼這個指責便是無用的。有句話說：「可憐之人必有可恨之處」，但回過頭想想，那可恨之人的所作所爲是不是也會有什麼難言之隱呢？

因此，有時候對付可惡的人，要懂得「得饒人處且饒人」，這不只是一種寬容的修養，也是一種勸人向善的作爲，因爲我們希望用善的力量來引出更多的善，最後達成我們希冀的目標。

要引發善心，第一步就是要以善的態度，引出對方的羞恥心，使他眞心悔悟自己的錯事，才有機會改錯爲正。

陳寔在漢桓帝時代，曾在太丘擔任太丘長，由於出身低微，一向很能體諒人民的疾苦，加上平時經常微服私訪探查，因此非常瞭解民情。

他的爲人正直，居心公正，無論做什麼事都會先嚴格要求自己，以自己爲鄉里表率，人們都尊稱他爲「陳太丘」。

當時，由於農作物收成相當不好，人民的生活十分困難，鄉里間有些人因爲日子實在過不下去，就鋌而走險做起偷雞摸狗的勾當。

有天晚上，一個小偷溜進陳寔的家，躲在房樑上準備伺機行事。陳寔偶然間發現了樑上的小偷，但他並未下令捉拿，反而不動聲色將兒子、孫子都叫進房來，神情嚴肅地教訓說：「作爲一個人，一定要時時刻刻不忘勉勵自己，才能有出息。有一些做壞事的人，其實他們的本質並不壞，只因爲染上了壞習慣，又不知道要如何自己克服、努力改過，只一味地任其發展，於是養成了做壞事的習慣，成了壞人。你們抬起頭來，看看這位樑上君子吧，他就是這樣的人。」

樑上的小偷聽到後，感到非常慚愧，連忙爬下來，向陳寔叩頭認罪。

陳寔說道：「我看你的模樣並不像一個壞人，也許你有難言苦衷，但希望你要記住我剛才所說的話，從此學好，別再當小偷了。不然的話，你非但無法富有，反而會愈來愈窮困！」

他送給小偷兩匹絹，並派家人將他送回家。這件事一時傳爲佳話，鄉里的人都非常敬佩他，許多犯下壞事的人，在陳寔的教誨下，也紛紛改過自新。

亂世之中，人民生活困頓，無路可走之餘，便極有可能鋌而走險，犯下作奸犯科的錯事。陳寔深切地體會到民間的疾苦，所以當他發現躲藏於樑上的小偷時，並不想即刻揭穿他或命人將之逮捕，反倒是藉著這個例子教育兒孫，更給予那位小偷一個改過自新的機會。

唯有像陳寔這般眞正瞭解人民苦痛所在的官吏，才能思及如何爲民解厄的辦法，眞正爲民謀福利。

陳寔的做法，目的不在於羞辱與恥笑這名小偷，而是用體諒和同理心的態度來勸服，希望他不要一錯再錯。或許也正因為他的不怪罪，反而讓做壞事的人覺得自慚形穢，因而決定棄惡揚善。

義大利有一句俗諺是這麼說的：「做好事比做壞事的代價低。」這是說，雖然做好事不一定能讓我們見到立即的效果，但是做壞事卻可能會得付出驚人的代價。剛開始，或許真的是逼不得已而鋌而走險，但是，隨著犯罪的頻率增加，罪惡感和羞恥心就會逐步淡去，那麼對於壞事本身也習以為常，自然是不覺得自己有什麼不對了。

嚴刑峻罰或許可以讓百姓忌憚，但是所謂苛政猛於虎，當難以生存時，再嚴苛的刑罰也無法阻斷人民的抗爭，只是治標不治本，還是要回歸問題的根源，才能眞正解決問題。百姓之所以冒險犯法就是因爲執政者執意爲惡所造成的結果，沒有從根本解決，下一次還是會再作亂。畢竟，要讓那些壞人打從心底根除想做壞事的想法，才是根本的解決之道。

PART 6

想圓夢，就要採取行動

時間隨時都會過去，
我們真正能掌握的，
就只有當下這一刻，
如果希望看見夢想的明天，
我們都應該從現在開始！

付諸行動才不會淪爲癡人說夢

想要完成心中的夢想目標，就一定要付諸行動，只會空談的人，不管計劃多麼周詳，理想多麼偉大，始終都是癡人說夢。

人們常說：「說一尺不如行一寸，坐而言不如起而行。」

如果空有滿腔抱負和願景，卻遲遲沒有展開行動，結局只是一場春夢。當然，行動之時要弄清目標，如果「想要把磚頭磨成鏡子」，我們又怎麼可能會有實現理想的一天？

懷讓禪師與馬祖禪師是唐代的著名高僧，在他們修道悟禪時，曾經有這樣的一段互動。有一天，懷讓禪師看見馬祖禪師非常專注地坐禪，便好奇地問他說：「請問，你坐禪是爲了什麼？」

馬祖答道：「想成仙佛。」

沒想到懷讓聽完馬祖的話，轉身就離開。不久，卻見懷讓禪師手中拿來了一塊磚頭，並正坐在馬祖禪師的面前，慢慢地磨了起來。

馬祖不解地問：「請問，您磨這塊磚頭要幹什麼啊？」

懷讓笑著回答：「我想把磚塊磨成鏡子。」

馬祖搖了搖頭說：「磨磚怎能磨成鏡子呢？」

懷讓一聽，連忙反問他：「那麼，你坐禪又豈能成佛？」

馬祖便問：「那麼要怎樣才能成佛？」

懷讓說：「這就像牛拉車，如果車子不動，你是打車子還是打牛？」

這是相當著名的禪門公案，幾乎所有的宗教都教導人們：「要能忍受苦行，才能修得圓滿的正果」，但是，懷讓禪師卻對這樣的迷思當頭棒喝：「坐禪豈能成佛？」

走出神佛之道，來到歷史的長廊中，我們可以看見戰國時的趙括，一個擅長談論兵法的主帥，不懂得實際運用所造成的悲慘後果。

當他終於有機會上場時，卻見滿肚子的兵法，全部展現在長平之戰的不堪一擊上。人們這時才清楚看見，他所說的兵法原來全是空談，不能靈活運用的結果，讓趙國幾十萬大軍白白地犧牲了。

赫胥黎曾說：「人生偉業的建立，不在能知，而在能行。」

想要完成心中的夢想目標，就一定要付諸行動，只會靜思空談的人，不管計劃多麼周詳，理想多麼偉大，始終都是紙上談兵，癡人說夢。

而且，行動之時要搞清楚自己的目標和方法，才不會做出「拿磚磨鏡」的蠢事，就像懷讓禪師所說的，牛車不動的時候，你要弄清該打牛，還是打車子。

充滿鬥志，人生就有新的開始

成功者即使到了生命即將結束的前一刻，仍然會憑著一股鬥志，也要讓生命精彩的部分發揮出來。

人生不可能重來，唯有保持高昂的鬥志，才可能讓人生有不斷發光發熱的機會。也唯有這樣，生命的意義與價值才可以深化，有限的人生自然可以發揮無限的能量。

哈倫德靜靜地埋伏在草叢裡，他正等待著、思索著。他回想自己五歲喪父之後，便靠著自己的力量長大，十四歲時，他從格林伍德學校輟學，從此展開了流浪的生涯。

他曾經在農場裡工作，也做過售票員，一直到十六歲時，他謊報年齡開始了軍旅生活。但這些經歷全都是灰暗的，不管他怎麼回想，似乎從小到大，每一個階段的不順遂，在在預示著他這一生要悲慘度日。

即使退伍後，他的日子依舊悲慘如昔，他怨恨地對自己說：「認命吧，哈倫德，你永遠都無法成功了。」

把思維拉回到現實中，當時，他正躲在若阿諾克郊外的一個草叢中，計劃著一項綁架行動。

他觀察到，有一戶人家的小女孩，每天下午都有一段固定的玩樂時間。

但是，他等了一個下午，女孩卻在這個關鍵時刻消失了，突然覺得受挫的他，氣憤地想：「我還是無法突破這一連串失敗的命運！」

後來，他考進了一家餐館主廚兼清潔的工作，而且一做就將近十年，直到他接到了退休通知之時才驚覺，他的人生已經過了大半。

他認爲自己一生還算安分，包括他那次未遂的綁架念頭。因爲，當初他要綁架的小女孩，其實是自己的女兒，行動失敗後的第二天，離他而去的母女倆再次回到了他的身邊。

如今，他們虛度了大半輩子，一家人卻一無所有，要不是郵遞員那天送來第一張社會保險的支票，他還不會意識到自己已經老了。

當哈倫德拿到那張保險支票時，承辦人員對他說：「我們實在很同情你，其實年輕時你擊不中球，就不必再繼續打了，現在該是你放棄一切，好好退休、養老的時候了。」

退休的那天，餐館裡的同事與老顧客對他說：「我們會想念你的！」

看著插了六十五根蠟燭的生日蛋糕，加上一張政府寄來的退休金支票，以及附註的話：「你年紀老了，好好退休吧！」

當看到那「老」字時，哈倫德心頭一震，氣憤地拿著那張一百零五美元的支票，對自己說：「我就不相信，我的人生只有這樣！」

於是，六十五歲的哈倫德憑著這張支票，開創一番嶄新的事業。後來，他的事業可說是欣欣向榮，八十八歲時，更是發展到巔峰。

六十五歲才開始激發昂揚鬥志的哈倫德．桑德斯上校，就這樣以第一筆社會保險金創辦了全世界聞名的肯德基炸雞連鎖店。

一生充滿傳奇與顛簸的桑德斯上校，雖然歷經了五十年的窮困潦倒後，才找到人生的方向，但是在他生命終結的時候，伴隨他的是成功的榮耀，又有多少人回頭計算他那長達五十年的潦倒時間呢？

其實，生活隨時都可以改變，人生也隨時可以有新的開始，可能與不可能的關鍵，不在於你的年齡或能力，而是你有沒有「鬥志」！

從桑德斯上校的身上，我們可以看見，成功者之所以永遠能戴著成功的光環，那是因爲他們即使到了生命即將結束的前一刻，仍然會憑著一股鬥志，也要讓生命精彩的部分發揮出來，一點也不願浪費。

只要肯面對就能走出困境

勇於面對，願意負起責任，是所有成功者的必備特質，因為他們知道：「逃避不是辦法，勇於面對，才能迎接光明的未來！」

《傳光錄》裡寫道：「人之謗我，與其能辯，不如能容；人之侮我，與其能防，不如能化。」

這是因爲，事實的眞相只有一個，只要我們問心無愧，就能坦然面對，而毫不在意別人的誹謗與欺辱。

對於一些人爲帶來的恥辱或意外造成的不良後果，你都會怎麼看待？你是否能堅定地對自己說：「我一定要勇敢面對並負起一切責任」？

三年前，阿明受聘到到一家大公司任職。

這家公司的經理是一位四十歲的男子，他每次出現時的表情，從來都是嚴肅而刻板的模樣，讓人難以接近。有一次，阿明跟著他外出，在車上，經理忽然對他說了自己的故事。

十年前，這位經理受僱於一家染織公司當業務員，由於他的勤勞能幹，原本負債累累的公司，在很短的時間之內有了轉機。

當時，老闆非常欣賞他，經常邀請他到家裡作客吃飯。沒想到，老闆的獨生女居然愛上了他，經常偷偷地送他一些精美的小禮物。其實，剛開始時，他真的不敢收，但後來礙於情面，只好收下了。就這樣過了兩年，有一天，他認真地面對自己的感情，發現自己對她始終是有距離的，於是，坦白告訴她自己無法給予她一切後。她既生氣又難過，後來居然尋短了。

經理忍不住搖了搖頭嘆氣，接著又說：「疼愛她的兩個哥哥對我咆哮不已，還揚言要我償命。」

當時，他決定要拿出所有積蓄來賠償，周遭的朋友卻勸他快一走了之，但他一點也不想這麼做。他對自己說：「一切因我而起，我必須面對這一切，是死是活都無所謂，重要的是，我必須面對！」

於是，他來到老闆的家，一群老闆的親友們向他推擠過來，作勢要修理他。這時，女孩的父親，即他的老闆卻向其他人擺了擺手，示意大家不要衝動，接著走上前，並緊握著他的手說：「你願意來面對這一切，正說明你是個有擔當、富眞情的人。」

勇於面對，願意負起責任，是所有成功者的必備特質，因爲他們知道：「逃避不是辦法，勇於面對，才能迎接光明的未來！」

一如受人敬重的美國總統羅斯福，年輕時候因爲患了腿疾，讓他在爬樓梯或行走之時，總得辛苦地運用雙臂，來支撐他前進的步伐。

然而，這個吃力背影，卻從來沒有換得人們的同情與支持，反而有許多人喜歡跟在他的身後，故意嘲笑他。

面對這些嘲笑，堅強的羅斯福總是地對自己說：「我能夠勇敢面對這些恥辱，有一天，我一定會讓他們的嘲笑聲變成讚美聲。」

人在成功之前，必定得先迎戰一切難能可貴的磨練。懂得轉化生命困境的人，能夠面對生活阻礙的人，不會將這些困難或阻礙視為恥辱，而是堅定相信：「這些都是我人生中最難得的磨練機會，累積這些磨練的機會，就沒有衝不破的難關，最後，我一定會成功的！」

多給自己信心就能扭轉命運

面對困境，面對殘缺，我們可以這麼相信，這是上天給我們的特別考驗，千萬不要氣餒，多給自己信心。

身體的殘缺並不可憐，可憐的是心的殘缺，一顆不願扭轉命運的心最爲可憐；身陷重重困難並不悲慘，眞正的悲慘是那些坐困在逆境中，不願拯救自己，只懂哀嚎、埋怨的人。

有一個從小就失明的盲人，自從懂事以來，便一直爲了這個天生的缺陷而煩惱、沮喪。

他心裡相當不平衡，經常對人們抱怨說：「這一定是老天爺故意要給我的懲罰，我這一輩子肯定完了。」

有一天，他向指導他的老師抱怨時，老師開導他說：「你知道嗎？這個世界上的每一個人，其實都是被上帝咬過一口的蘋果，所以每個人都是有缺陷的，只是有些蘋果被咬得比較大口而已。」

老師接著說：「不過呢！這些蘋果之所以會被咬得比較大口，那是因爲上帝特別鍾愛這些蘋果的味道呀！」

這個盲人一聽，頓時領悟，他開心地微笑說：「謝謝您，我明白了！」受到相當鼓舞的他，從此開始振作起來，決心要向命運挑戰。

不久之後，他便成了一位非常著名的推拿師父，幾乎每個人來到診所中都指名要他醫治。

曾經有人問起他的成功，他總是笑笑地說：「感謝上帝讓我失明！」

好一句「感謝上帝讓我失明」，能樂觀面對人生的人，又怎麼可能會看不見自己瑰麗的將來呢？

面對困境，面對殘缺，我們可以這麼相信，這是上天給我們的特別考驗，千萬不要氣餒，要多給自己信心。

因爲，一旦遇到了困難，只要我們願意勇敢面對，接下來我們便會得到上天的支援，感受到老天爺的關愛！

所以，我們會經常聽到一些成功人士這麼說：「感謝老天爺，要不是當初跌的那一跤，今天的我恐怕不會那麼成功。」

思考寬度決定生命韌度

每個人都可以讓自己的生活過得很精彩，一定要記住：「凡事用不同的角度去看、去想，生活處處都有精彩火花。」

《藏地密碼》是一部撼動現代人心靈的探險巨著，書中蘊藏著許多人生哲理，作者何馬就曾在書中透過主角卓木強說過一番讓人心有戚戚焉的話語：「人，不一定要去改變什麼，但是一定要找到自己。要找到自己，其實也很容易，有時，只需要多一點點決心和勇氣，就可以做到。」

人只要找到自己，就會賞識自己，激發前所未有的潛力。

人只要找到自己，就會激勵自己，對未來的人生抱持更積極認眞的態度。

愛迪生一生成就非凡，最難能可貴的是，小時候便失聰的他，對於自己的缺陷一點也不在意。

每當人們以同情的眼光看著他時，他總是反過來安慰人們說：「我從十二歲開始，就從來沒有聽過鳥叫了，但是，聽不見並不是一種障礙，對我來說，那反而是有助益的，因爲耳聾，讓我在讀書的時候能夠更加專心，最重要的是，我可以省去很多聽人家閒聊八卦的時間。」

曾經有人問愛迪生：「雖然如此，但是可以清楚地聽見聲音，總是比較好吧！爲什麼你不要發明一些助聽器呢？」

愛迪生搖了搖頭說：「請問，你一天二十四小時裡聽到的聲音，有多少是非聽不可的？」接著，他又補充道：「其實，一個人如果必須大聲喊叫，那麼他肯定是個不會說謊的人！」

如此樂觀而獨特的思考，爲他帶來更多人們的敬重，即使他是個聾子，即使人們與他交談必須大聲喊叫，但是許多人還是非常喜歡聆聽他的言論，聆聽他精闢的人生見解。

曾經，有位記者請他提出一些給青年人的忠告，他卻說：「年輕人是不會接受忠告的，因爲他們需要的是親自經歷。」

有人問他，幸福和滿足是否値得爭取，他卻說道：「如果有人日子過得幸福且滿足，那麼，我可以斷言，這個人必定是個失敗者。」

一直到在八十歲，愛迪生仍然在研究室中生活，而且還在研究他從未曾研究過的植物學，他將一萬多種植物加以試驗與分類，之後，終於研究出從紫苑科植物中抽取大量膠汁的方法。

曾經有記者問他：「如今科技這麼進步了，會不會導致生產過剩呢？」

大師微笑著說：「人類的需求不會有止境的，因此所需要的東西，也不會有生產過剩的時候。除非，我們肚子裡的容量已經滿了！」

「少聽一點、積極一點、樂觀一點」，這就是愛迪生的生活態度，從中也蘊藏著寬廣的思考角度，足以作爲現代人行事立業的參考。

少聽一點，我們可以省下更多時間，做自己想做的事，也才能從親自體驗中，累積出屬於自己的成功經驗與感動。

至於積極、樂觀，更是創意生活的催化劑，一旦生活缺乏積極的動力，生活便只是一本又一本重複抄寫的流水帳，最終會讓我們失去生活的方向，甚至失去了生命的熱情。

每個人都可以讓自己的生活過得很精彩，期待精彩生活的人，一定要記住愛迪生的話：「凡事用不同的角度去看、去想，生活處處都有精彩火花。」

想圓夢，就要採取行動

時間隨時都會過去，我們真正能掌握的，就只有當下這一刻，如果希望看見夢想的明天，我們都應該從現在開始！

法國作家安德烈·馬爾羅在《寂靜的聲音》一書中寫著：「一個人只有在努力使自己昇華時，才能成為真正的人。」

一個人想要實踐自己的人生價值，就必須看重自己，看重自己正在從事的工作，全心全力地投入。

你還在等待什麼？

當地球未曾遲疑地繼續運轉時，還在等待的人眞正等待著的，不是機會，而是一天又過一天。

從小就喜歡挑戰的葛林，在同齡孩子們只知玩樂的時候，就已經開始規劃自己的未來了。他告訴自己：「我要變得更獨立，要走遍這個國家，並實現自己的計劃。」

十五歲時，他每下課都要做三份工作，因爲他想要存錢買摩托車，並早日實現走遍全國的夢想。

當新摩托車在他眼前出現，也開始改變葛林的未來。

只要葛林一有時間，他就會騎著車子，在山路上享受騎乘的樂趣。在這期間，他發現許多的新奇事物，包括不同時候與地點所看見的朝日與落日。

非常喜愛騎車的葛林，兩年間換了五部摩托車，也在十七歲那年，獨自一人騎車到阿拉斯加，征服了一千公里的流漠公路。

許多人都嘲諷他：「你根本是浪費時間！」

但是，志向堅定的葛林，卻對自己說：「如果我再不開始，就永遠都沒有機會了，現在不做，要等到什麼時候才能開始呢？」

一路下來，葛林遇見了許多人，也享受著各種不同的生活形態，不管是荒郊野地，或是寂靜的沙漠區。

葛林每天都感謝上帝賜予他挑戰自己的機會，但很不幸地，二十三歲的那年，他在拉加那海邊的路上發生了一場意外，從此半身不遂。

在醫院躺了八個月的葛林，出院後離了婚，也無法回到原來的工作崗位，面對無盡的痛苦與無情的輪椅，葛林也看見了即將離他而去的夢想。

就在他失望之際，心中忽然又有了新的計劃，幸運的他，這次卻獲得了許多人的幫助和支持。每當葛林騎著特製的機車，回想起自己所有的經歷，他總是會說：「我是幸福的！」

你最想做的事情是什麼？還有，你開始行動了嗎？

無論如何，想做就立刻做吧！即使是站在烏煙瘴氣的十字路口，你也要懂得享受生命，因爲，我們無法預料到，下一秒鐘的我們是否能和現在一樣，經過相同的地方，做相同的事。

沒有開始，就不會有結果，還沒有跨出夢想腳步的人，就沒有資格「說夢想」，這些都是葛林在故事中要告訴我們的。

時間隨時都會過去，我們眞正能掌握的，就只有當下這一刻，如果希望看見夢想的明天，我們都應該從現在開始！

讓自己成爲「一流」的人物

不管時代或社會風尚怎麼改變，我們一定可以憑著自己的實力，超脫一切，走出正確的道路。

蘇格拉底曾說：「想左右天下的人，必須先能左右自己。」

確實如此，我們也可以換個角度來解釋句話：「只要你相信自己，你想要成爲什麼樣的角色，都一定能扮演成功！」

有位學生向老師請教：「現在是標準的學歷社會，許多人經常爲自己所讀的三流大學感到灰心，而且這樣的觀念，也深植在一般人的腦海之中，對這個情況，不知道老師有什麼看法？」

老師微笑著說：「如果，連你自己都這麼認爲的話，你當然會變成那樣囉！相反的，如果你心中認爲：『我雖然是個二流大學畢業生，但是我絕不會成爲二流的人。』只要你能這麼想，肯定可以過『一流』的生活。」

這位學生似乎不太了解，老師看出了他的困惑，便補充說：「你一定要記住，不是一流大學的畢業生，就一定會有璀璨的前途。因爲，沒有人可以搭乘特快車，提早來到成功的目的地，就像我們熟悉的社會實例，我們不是經常發現，許多領有名校畢業證書的人，最後都是庸庸碌碌地過著平淡的人生嗎？而我們不也曾經聽見，某個小學畢業的人，從小工廠的老闆一路打拼努力，最後成爲人人欽羨的成功經營者嗎？」

這位學生聽完，同意地點了點頭，但又充滿懷疑地說：「雖然，我常常聽到人們這麼勉勵我，可是我總覺得這些例子都是特殊情況。因爲很明顯的，從一流大學畢業的人，機會比我們好！」

老師說：「沒錯，問題就在這裡。我們的社會確實存在著這樣的不公平，但是，你有沒有想過，眞正的差別在哪裡呢？其實，一流與二流之間，很多時候只差一分的成績啊！眞正的關鍵是，一流大學的畢業生一直都意識著自己是個一流大學的畢業生，所以將來一定要有光輝的前途，因爲有這種想法，他們才會讓自己成爲眞正活躍、有能力的人啊！」

最後，老師又說：「這其實就是一種『自信心』，你只需相信自己一定會成功，這就夠了！」

人只有克服自己的惰性與自卑心理，才不會使生活陷入困境；不管做什麼事，都應該充滿信心，才能成爲第一流的人物。

拿破崙曾經在一封寫給內政部長的信件中，勉勵他說：「我們應當努力奮鬥，有所作為。這樣，我們就可以說，我們沒有虛度年華，並有可能在時間的沙灘上留下我們的足跡。」

第一流的人物並不需要第一流的背景，事實上，很多第一流人物的過去比我們都還要悲慘，只是他們不會滿腹怨言面對悲慘的過去，因爲他們知道：「怨言越多，日子會過得更辛苦！」

不管時代或社會風尙怎麼改變，我們一定可以憑著自己的實力，超脫一切，走出正確的道路，因爲，這是老天爺賦予的生命使命，也是我們在生活上唯一能做得最好的事。

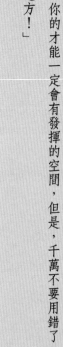

別把才能用錯地方

在尋找機會發揮所長的時候，我們都要謹慎地提醒自己：「你的才能一定會有發揮的空間，但是，千萬不要用錯了地方！」

你準備讓自己的才華，怎樣好好地發揮？

我們都有無限的潛能，即使是後天學習而來，也都是我們獨有的才能，能朝著正確的方向去發展，你才能看見實力展現時的耀眼光芒。

每年國慶當天，在這個偏遠的小國中的婦女們，都必須在頭上戴上一朵缽羅花，爲自己妝點出華貴美麗的形象。

然而，有個貧窮的婦人卻連一朵缽羅花都買不起，而疼愛她的丈夫雖然找遍整座山林，仍然找不到花朵可以爲妻子佩戴。

面對這樣的窘況，妻子埋怨道：「你看，所有人都準備好花朵了，就唯獨我沒有，你實在太沒用了，我告訴你，如果你沒本事弄到一朵缽羅花來給我，我就要離開你了！」

男子一聽見這話，連忙著急地承諾：「親愛的，我一定會找到缽羅花的，請妳放心。」

害怕愛妻會離他遠去，男子苦思了一夜，最後居然把腦筋動到了皇宮中：「啊！國王御池裡不是種了很多缽羅花嗎？我可以到那裡偷摘啊！」

但旋即他又想到：「萬一被捉到了怎麼辦？啊！我不是會學鴛鴦叫嗎？被發現時，學鴛鴦叫幾聲，應該就能躲過了啊！」

於是，他等到夜深人靜時，偷偷地潛入國王的御池裡。

正當他準備行動時，忽然前方傳來一個聲音，原來是守池的人聽見水池裡有聲音：「是誰？誰在池子裡？」

男子被叫喊聲嚇著，居然不自覺地說：「我是鴛鴦！」

守池人一聽見人聲，連忙叫來其他人，立即將他拿下，並送交國王的面前治罪。這時，男子懊惱地連聲學著鴛鴦的聲音哀鳴著，守池人一聽，冷笑道：「沒想到你學得那麼像，只是，你剛才不叫，現在才叫有什麼用啊？」

這是收錄在《百喻經》裡非常有意思的一則小故事，在現實生活中，我們不就經常發現這類誤用才能的人。

每個人都有無限的潛能和天分，即使是後天才養成的，也都是我們走向未來的重要實力，怎樣才能充分運用，必須考慮到人事時空等因素。

然而，在尋找機會發揮所長的時候，我們都要以這個故事爲警戒，隨時隨地謹慎地提醒自己：「你的才能一定會有發揮的空間，但是，千萬不要用錯了地方！」

不肯認眞的人最愚蠢

常識由生活習慣與生活經驗所累積，當人們笑我們沒常識時，你是否也驚覺，自己居然不認真生活，白白浪費了珍貴的時間？

知識是生活上的一種輔助，常識則是生活中的基本能力，而我們在成長過程中，經過不斷地學習、吸收知識和常識，透過各種機會累積經驗，以迎接未來生活的挑戰。

在一個農村裡，有個農夫爲了生計，買來一頭母牛，非常認眞地照料著。

但是，自從他開始養這頭母牛之後，他又多了一項煩惱，因為母牛如果生乳不夠時，令他心煩，而母牛的生乳如果分泌太多，他更煩惱著：「這麼多的牛乳要放哪啊？」

有一天，他突發奇想：「咦？自從買了這頭母牛之後，我還未向衆親友們告知這個好消息，不如藉此機會舉辦一場宴會，讓大家知道，我買了這頭母牛，順便與大家聯絡一下感情。」

農夫拿定主意後，便立即邀請衆家親友們來訪，當他發完邀請函後，回到家中，卻又一刻也不停地想：「啊！請來那麼多朋友，我要怎麼準備牛乳的量呢？如果要一人一杯新鮮牛乳，所需要的牛乳量恐怕也不少吧！」

農夫想了一會兒，恍然大悟似地說：「啊！我想到了，從今天起，我就別再擠牛乳了，先讓那些牛乳儲備在母牛的肚子裡，等到宴會那天，我再一杯一杯地擠出來給大家喝，那肯定就夠了，而且這麼一來，大家還可以喝到新鮮牛乳呢！哈，太好了，我果然是聰明的！」

認為自己已經安排妥當的農夫，便開開心心地回房睡覺，滿心歡喜地等到宴會到來的那一天。

期待的日子終於到來了，農夫忙了一個上午之後，換上了一件新衣服，開心地等待貴賓們的駕臨。

當大家都入席後，農夫牽來母牛，笑嘻嘻地對大家說：「歡迎大家光臨寒舍，我養的這頭母牛，所生產的鮮乳相當美味可口，而我也從好幾天前便開始保存，就等今天要與大家一起分享！」

於是，農夫站定好位置和角度，開始努力地擠取乳汁。

怎料，不管他怎麼擠就是擠不出一滴牛乳出來，看著長時間沒有擠乳而收縮的牛乳頭，農夫居然也沒發現。

急了一身汗的農夫，在衆人面前出糗，氣憤萬分，開始罵道：「我少了幾天收入，小心翼翼地將這幾天的牛乳份量都存在牛肚裡，爲什麼現在都沒有了呢？到底是誰偷走了？可惡的小偷，他一定會沒好下場！」

現場賓客聽見農夫如此罵道，不禁哄堂大笑，而愚笨的農夫居然完全搞不清楚問題所在，忿忿地看著大家說：「你們怎麼這麼沒有同情心啊！」

看完了故事，相信你也和大家一樣，都忍不住要嘲笑農夫實在是個「大傻瓜」，套一句流行已久的話叫：「沒有知識也要有常識。」

知識與常識都是我們必須學習的，不過，由於每個人的學習能力不同，在累積知識的過程中會有不同的結果，也因此，寬廣無限的知識領域，我們可以以學習有限的藉口，承認自己的不足。但是，關於基本的生活常識，我們卻沒有藉口可以推諉。

因爲，生活常識是由生活習慣與生活經驗所累積，這些都與我們切身相關。就像故事中的農夫，以母牛維生的他，居然沒有認眞去研究母牛的習性，沒有用心去觀察母牛的生理狀態，這些錯誤並不能單單用「愚笨」來解釋，而是要以「不認眞」，來斥責他對生命的忽視。

反省自己，當人們笑我們沒常識時，你是否也驚覺，自己居然也和故事中的農夫那樣不認眞生活，白白地浪費了珍貴的生命時間？

PART 7

相信自己，就能成就自己

外在的形貌、性別甚至是年齡，
都不會影響你我的成就與未來，
因為影響成功的因素是我們的能力與自信。

主動出擊，才能搶得先機

愛情和事業的成功道理均同，只要你用心，比別人更勤奮不懈，再冷若冰霜的人都會被你感動。

莎士比亞曾說：「想法，在結果顯現以前，只能稱之為夢想。」不論你擁有多好的想法，如果不能根據現實環境適度修正，那麼這些想法就只是無法幫助你達到目標的幻想。不懂得適時改變思路的人，就像一艘不知道見風轉舵的船，永遠也無法到達自己夢想中的港灣。

生活中，有許多道理都是相通的，例如愛情的執著力量適用於工作之中，而努力不懈的工作態度，也可以用在你追求愛情的行動上！

只要用心，愛情會開花，事業也會有好結果。

班哲明是個工程師，雖然內心很希望有個女孩相伴，但心思還是比較偏重於工作上。這天，他一進公司便聽見：「星期六有位美女要來啊！聽說，她是老闆娘的妹妹，年輕、單身、美麗。」

有人拿到一張她的照片，每個人一看見那張照片，都不禁發出讚嘆聲，班哲明忍不住搖了搖頭，笑他們的愚昧。

「你看一下啦！你看了之後，給我們一些意見，或者告訴我們你對她沒興趣。」不管同事們怎麼慫恿，班哲明還是搖搖頭走開了。

這些男人不管班哲明，紛紛開始討論要如何贏得佳人的青睞。

星期五傍晚，當其他人認眞地打扮自己時，班哲明則悠閒地坐在椅子上看書。

忽然，他看見地上有個東西，不經意地撿了起來。

「原來是那個女孩！」班哲明看到照片時也動心了，因爲照片上的女孩眞的很迷人，很難不對她動心。忽然間，他意識到一件事：「這裡還有一大票勁敵。」於是，他靜靜地提起了背包，奔出門口。

第二天清早，許多男人們都聚集在火車站前，當然，女孩的家人也到那兒接她。當女孩踏入月台時，所有追求者都發出了一聲嘆息，因為，她比照片更漂亮，但很快的他們即陷入絕望中，因為，一個男子親密地扶著她的手，不時與她低語，那個男子正是班哲明。

朋友事後問他：「你怎麼辦到的？」

班哲明笑著說：「如果要她注意到我，我就得先到她那兒去！所以，我走到前一站搭車，並在車上先自我介紹，我告訴她，我是迎接她來到新公司的歡迎團員之一。」

有人懷疑地問：「車站離這兒有三十公里，你該不會走了三十公里的路，那得走一整夜啊！」

班哲明點了點頭：「是一整夜沒錯！」

美國作家巴斯卡．里雅在《愛和生活》裡說：「人的潛能是無窮的，人的發展也是沒有止境的，每一個人天生都是偉大的創造者。」

是的，不管在事業上或愛情上，每個人都要善用自己的潛能，讓它發揮更積極、更澎湃的創造力量！

班哲明被照片中的佳人深深地吸引住時，並沒有跟著大家在鏡子前仔細打扮，而是提早一步，用行動積極爭取他的美麗佳人。

這也難怪班哲明成功地獲得佳人青睞，如果遇到這種狀況的人是你，你會怎麼捉住你的愛情？愛情和事業的成功道理其實相同，只要你用心，比別人更勤奮不懈，再冷若冰霜的人都會被你感動；即使情敵再多，只要你情意眞誠，時間仍然會把愛人的心帶到你身邊。

充滿自信就會迷人

還在尋找美麗的你，不妨仔細地看著鏡中的自己，並輕輕地給自己一個微笑，和別人一起分享你的自信風采。

現實生活中最可憐的人，無疑就是那些對自己的外貌缺乏信心，習慣用世俗的審美眼光看自己的人。

美與醜並沒有具體的標準，美麗是一種結合視覺與心靈的感受，真正懂得欣賞美麗的人，只想看見「讓人舒服的感覺」，以及從對方身上散發出來的那股自信美！

在艾麗絲的眼前出現了一些絲帶，上面附了一個牌子：這裡什麼顏色都有，不妨挑一個適合你個性的顏色吧！艾麗絲猶豫地站了一會，這時店裡的售貨員走了出來：「親愛的，這個絲帶非常適合妳啊！」

「對不起，我媽媽不會允許我戴的。」艾麗斯回答道，但是她卻被一條綠色的緞帶吸引住了。

女售貨員聽了這話，嘆息著：「孩子，妳有這麼美麗金髮，戴上它一定非常好看。」因爲售貨員的這幾句話，艾麗絲忍不住拿下一個蝴蝶結試戴。

這時，女售貨員建議她：「親愛的，把蝴蝶結綁前面一點，記住，如果妳戴上它時，妳就要明顯地表現出來，因爲沒有人比妳更適合戴它，來，勇敢地抬起頭來。」

艾麗絲照著售貨員的話，又重新戴了一次，售貨員笑著說：「很好，妳看，妳是多迷人啊！」

「那，我想買它。」艾麗絲小聲地說。

「孩子，相信妳是最迷人的，知道嗎？」售貨員繼續說。

艾麗絲點了點頭，但是，她卻爲了第一次獨自購物而顯得心慌，只見她立即奔出了門口，還差點在門口轉角撞了人。忽然，她發現有人在後面追她，心想：「不會是爲了這條緞帶吧？」她看看四周，只聽到有人在喊她，卻不見人影，嚇得她拔腿就跑，直到另一條街區才停下了來。

這時，她來到了卡森雜貨店門口，也看見人見人愛的伯特，正酷酷地坐在哪兒，艾麗絲到另一端坐下，這時，她感覺到伯特正在看她。

艾麗絲想起了售貨員的話，忍不住挺地了身子，抬起頭向伯特微笑。

「嗨，艾麗絲！」伯特向她打了個招呼。

艾麗絲裝出吃驚的模樣：「嗨！伯特，你在這兒多久了啊？」

伯特笑著說：「快一輩子了，因爲我在等妳。」

艾麗絲一聽，笑了出來，認爲是頭上的緞帶給了她風采，於是開心地說：「眞的嗎？」

不一會兒，伯特來到她身邊，因爲他剛剛才注意到她有著明顯的不同：「妳的髮型有點不同？」

艾麗絲問：「你只注意到這個嗎？」

伯特笑著說：「不是，因爲妳抬起頭時，似乎要我對妳注意一下，看看妳有什麼不同。」

艾麗絲臉紅地說：「我沒有啊？」

伯特道歉地說：「其實，是我喜歡看到妳抬起頭的樣子。」

接下來發生的事，完全令艾麗絲不敢相信，因爲萬人迷的伯特居然邀她跳舞，而且還主動送她回家。

回到家裡，艾麗絲立即站在鏡子前面，想好好地欣賞自己戴著綠色緞帶時的樣子，但是，令她驚奇的是，在她的頭上居然什麼都沒有。

原來，在她衝出門口，差點撞倒人時，綠色緞帶早已經掉了。

關於「美麗」，有位作家曾說：「給自己一個接近『完美的期許』，但是不要給自己一個『完美的絕望』。」

這是因爲，帶著「期許」的人會充滿朝氣對自己說：「有一天，我會成爲世界上最美麗的人！」

在這個期許中，他們會積極地加入自信，就像艾麗絲遇見伯特後的「信心大增」，因爲無形髮帶所激起的自信美，讓她散發出迷人的風采。

至於「絕望」的人，他們只會對著鏡中的自己說：「唉！爲什麼我長得這麼醜？爲什麼他長得這麼漂亮？」因爲絕望，因爲討厭自己的外貌，他們不僅否定了自己，更讓自卑孳生，總是壓低了頭，放棄了自己。

所以，還在尋找美麗的你，不妨仔細地看著鏡中的自己，並輕輕地給自己一個微笑。如果你的感覺很舒服，又發現臉上的小缺點其實蠻可愛的話，那麼請帶著這個微笑出門，和別人一起分享你的自信風采。

機會是自己爭取來的

不必羨慕別人的背景與機會，因為，每個人都會有自己的機會，用自己的實力與努力，自然能打造屬於自己的一片天。

你的機會在哪裡？

只要你有膽識與實力，機會自然會現身，所以，請停止你的抱怨。不管背景多差，後山多弱，聰明的人只知道，不管外在環境如何，只要自己有實力，就能找到自己想要的契機。他們堅信：「機會就在我手中，而我就是自己最好的靠山！」

歐文是開計乘車的運將，這天到約克街上尋找顧客，就在紐約醫院的對面，有個穿得很體面的人從醫院的台階上走了下來，並舉手招車。

那人一上車便對他說：「拉瓜迪亞機場，謝謝。」

斯德恩心想：「機場那兒很熱鬧，往來旅客也很多，運氣好一點，還有機會再載回另一個乘客。」

這時乘客開始與他閒聊：「你喜歡這份工作嗎？」

歐文回答：「可以養家活口就好，不過，如果能找到薪水更多的工作，我就會改行。你也會吧？」

客人搖了搖頭：「即使減薪我也不會改行。」

歐文聽見有人連減薪也不願改行，好奇地問：「你的職業是什麼？」

乘客說：「我在紐約醫院工作。」

歐文很喜歡和乘客們聊天，因爲從彼此的談話之中他會有豐富的收穫，今天當然也不例外。

他看這個人如此喜歡他的工作，想請他幫個忙。在前往機場途中，歐文說：「我可以請你幫個忙嗎？」

乘客看著歐文，卻沒有答應。

歐文繼續說：「我有個十五歲的兒子，是個很乖巧的孩子，今年夏天我們原本想讓他參加夏令營，但是他卻說要打工。因爲我不認識什麼大老闆，所以一直到現在都沒有人要僱用他。不知道您有沒有機會？沒有酬勞也行，因爲他只想累積經驗。」

乘客聽完後，仍然沒有開口，歐文這才發現自己可能做錯事了，居然對客人提出這樣的要求。

在一片安靜中，車子終於來到了機場。

下車前，乘客拿出了一張名片說：「暑期我們有一項研究計劃，也許他可以幫忙，叫他把成績單寄給我吧！」

這天晚上，歐文回到家，很開心地拿出名片，洋洋得意地說：「羅比，這個人會幫你找到工作。」

羅比看著名片上的姓名，並大聲唸了出來：「弗雷德．普魯梅，紐約醫院？這是開玩笑嗎？」

歐文把經過仔細說明，並叫羅比第二天把成績單寄去。

兩個星期之後，歐文一回到家便看見一封信，信紙上端印著「紐約醫院神經科主任弗雷德．普魯梅醫學博士」。

羅比眞的找到了暑期工作，而且每個星期還有四十元的工資，一直到暑期結束爲止。

跟著普魯梅醫生在醫院裡走來走去，雖然是微不足道的事，但是當他穿著白色工作服時，總覺得自己是很重要的人。

從此，每年的夏天，羅比都會到醫院去打工，而且被分配的工作也日漸吃重，更令歐文開心的是，兒子對醫科也越來越有興趣了。

中學快畢業時，普魯梅醫生幫羅比寫了一些推薦信，最後布朗大學錄取了他，大學畢業後，羅比也正式成爲紐約醫院的醫生。

從故事中我們可以看見，積極爭取機會的人不是只有歐文，還有他的兒子。歐文的「機遇」，我們可以不必多加討論，因爲是不是有靠山並不重要，重要的是，當機會出現在你眼前時，你要怎麼利用與把握？

不如意的時候，很多人都會抱怨：「誰叫我們沒有『有錢的老爸』，誰叫我們沒有『有力的靠山』？」

認眞想想，如果這些機會你都有了，你會怎麼過生活？

不必羨慕別人的背景與機會，因爲，每個人都會有屬於自己的機會，當機會來時，只要你能像羅比一樣，用自己的實力與努力去把握，自然能打造屬於自己的一片天。

相信自己，就能成就自己

外在的形貌、性別甚至是年齡，都不會影響你我的成就與未來，因為影響成功的因素是我們的能力與自信。

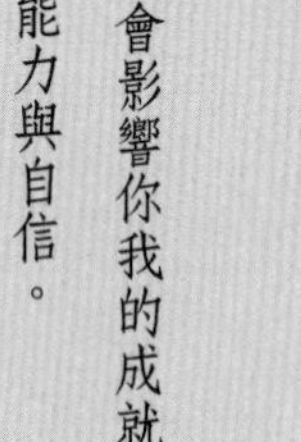

詩人朗費羅曾經說：「重要的不是你站在那裡，而是該往那個方向移動。」的確，在變動不羈人生過程中，重要的並不是你現在所站的位置，而是你決定要往何處去。你的態度決將會定你的前途，不管眼前遭遇的是順境還是逆境，都要保持積極樂觀的態度，開創自己的前途。

內心充滿著自卑感，或是習慣追隨別人步伐的人，從現在起，讓自己走出別人的眼眶吧！每個人的心都是擺在各自的胸膛裡，唯一能給你信心的人，不是別人，而是你自己。

美國著名的心理醫師基恩博士，經常拿自己小時候親身經歷的一個小教事與病人們分享。

當基恩博士還是個孩子時，有一天和許多小孩一起在公園裡玩。這時，有個滿臉笑容的老伯伯，推著裝滿氣球的車子走進公園。

當孩子們看見五彩繽紛的氣球，每個人的眼睛全都轉向老伯伯，公園裡的白人小孩更是一窩蜂地跑了過去，很快地，他們每個人的手上都有一顆隨風起舞的氣球。孩子們拿著氣球，開心地在草地上奔跑、追逐，氫氣球在陽光的照耀下，更顯得耀眼美麗。

在白人孩子們的競逐與笑聲中，有個黑人小孩孤單地站在樹下，眼神裡充滿著羨慕，看著白人孩子們開心地嬉笑，卻不敢上前與他們一起玩。

直到白人孩子離開後，他才怯生生地走到老人身邊，以懇求的語氣說道：「請問，您可以賣一個氣球給我嗎？」

老人慈祥地點了點頭，口氣溫和地對黑人小孩說：「當然可以，你要什麼顏色的呢？」

孩子看著色彩豐富的各種氣球，接著吐了口氣，像決定一件重大事情一樣，愼重地說：「我要一個黑色的氣球。」

這讓滿臉皺紋的老人家覺得非常詫異，看了看眼前的黑人小孩，旋即便將黑色氣球塡滿氫氣。當黑人小孩開心地拿到氣球時，忽然小手一鬆，黑色氣球便在微風中冉冉升起，在藍天白雲的映襯下更顯亮眼。

老伯伯看著升起的黑色氣球，再看看眼前的這個黑人小男孩，終於明白了孩子的心理。他摸了摸孩子的頭說：「孩子！你要記住，氣球能不能升起，不是因爲它的顏色或形狀，那全靠它內在的氫氣而高飛。」

這個黑人小孩明白地點了點頭，慧黠的雙眼裡更是充滿了自信，他正是後來著名的心理大師，基恩博士。

人生最終會走向何處，完全取決於我們的生活態度，人生的苦樂，也在於我們用什麼態度做選擇。只要試著改變應對的態度，換個角度重新檢視，就可以輕鬆改變自己的前途。

從出生開始，小寶寶手上的指紋就幾乎是唯一的，沒有兩個人的指紋是相同的；從那一刻開始，每個人的生命價值也因人而異。

懂得自己的唯一性與獨特性的人，每天努力地爲自己爭取機會，創造自己與衆不同的人生。不懂得自己爲何而來的人，則習於跟隨別人的步伐，爲別人而活，一不小心跟丟了，連前進的路怎麼走，都感到徬徨迷惘。

五彩氣球顏色雖然不同，但是它們全都能飛，因爲它們都具有相同的內涵，只要充足了氫氣，不管紅色還是黑色，都能高升飛翔。

人未嘗不是如此，外在的形貌、性別甚至是年齡，都不會影響你我的成就與未來，因爲影響成功的因素是我們的能力與自信。

相信自己能力的人，才可能獲得成功的機會，能肯定自己價值的人，成功才會是必然的結果。

創意，是成功的最大關鍵

有時候，「會賺錢的商人」和「奸商」相距並不太遠，因為如果不夠奸詐，哪裡能找到賣點，賺得了這麼多的暴利？

想要成功，你不只要當個充滿韌性、耐力的馬拉松選手，有時更要是個具備速度的短跑健將，除了跑得遠，還要跑得快，因爲，「速度」永遠是成功的致勝關鍵。

一隻手指頭大小的小蝦子竟然可以賣到一萬元日幣，你相信嗎？

別懷疑，天底下就有這樣的好事。

一位日本商人到菲律賓旅遊時，發現了一種寄生在石縫裡的小蝦子，兩隻蝦子出雙入對、形影不離，十分有趣。

他好奇地詢問路邊賣蝦子的小販，才知道這種蝦子是南方海邊的特產，牠們自小便成雙成對，在石堆中相依爲命。然而，這種蝦子肉質既不鮮美，也沒有太大的觀賞價値，而且在菲律賓海邊四處都可以看得到，就算當地的小販們絞盡腦汁，刻意加以包裝，願意掏腰包的遊客仍然不多，生意十分清淡。

這位日本商人對這一對對天性忠貞的蝦子十分著迷，牠們相依相伴、永不分離，不正好代表了人世間歷久彌堅的愛情？

日本有一個傳統，新人結婚時，邀請來的賓客都必須致贈一樣禮物，這一對對小蝦子的模樣精巧可愛，只要想個名目加以裝飾、包裝，不就是一份別出心裁的結婚賀禮嗎？

他認爲，小蝦子一定可以在日本當地造成一股風潮。

回國之後，日本商人馬上開始動手籌措銷售計劃，並且從菲律賓引進這種成雙成對的蝦子。

他用假山佈置成一個巢穴，取名爲「偕同老穴」，並附上一張製作精美的卡片，上頭寫著小蝦子從一而終、白頭偕老的特性，是愛情專一、婚姻幸福美滿的最佳見證。

果然，這項精心包裝的商品一推出，立刻在東京地區造成一波又一波的搶購風潮。這種新奇的小蝦子成功地吸引了人們的注意力，身價一翻再翻，最後竟然成了當時結婚典禮不可或缺的賀禮，不僅贏得了新人的微笑，商人也賺得了滿滿的荷包。

有位國際馳名的投資專家曾經說：「從事任何事業，除了必須具備八十%的商業知識之外，尚須具備二十%的獨特創意。」

生意成功與否，很多時候取決於你是否具備獨特的創意，一個在衆人眼中不怎麼起眼的小東西，往往因爲靈光乍現、神來一筆，發揮了「畫龍點睛」的效果，成爲日進斗金的致富商機。

有時候，「會賺錢的商人」和「奸商」相距並不太遠，因爲如果不夠奸詐，哪裡能找到那麼誘人的賣點，賺得了這麼多的暴利？

「奸詐」的最高境界，是大智若愚、大奸若實，讓別人掏出了大把鈔票，還對你讚不絕口，稱讚你「非常實在」。

掌握商機必須先掌握人性，只要你讓消費者覺得「物超所値」，再貴的東西一樣有人搶著買。

這年頭販賣的不單單只是商品，還有生產者的創意；創意無價，誰叫我就是比你先想到？

猶豫會讓你失去先機

在靈光乍現時，把握機會舞動你的生命吧！只怕你稍有一點遲疑，花火便熄滅了，一切後悔其實都是你自找的。

三思而後行是正確的，但是太多的猶豫卻往往只會讓你慢人一拍，別人搶得先機，而你才姍姍來遲。

生命當中那些可以避免的懊悔，不就是猶豫不決造成的？

人要懂得變通，要順應環境變化調整自己的思考方式，更要不時提醒自己用敏銳的觀察力與柔軟的心去面對物界事物。倘若固執於僵硬的想法，失敗與懊惱必然會一再出現。

一個小男孩在外面玩耍時，發現一個鳥巢被大風吹到地上，鳥巢裡滾出了一隻小麻雀。小麻雀嬌小玲瓏，不及手掌般大，初生的羽毛還沒長全，闔著的眼睛看起來楚楚可憐、弱不禁風。

鳥媽媽在哪裡呢？

小男孩看了看四周，完全找不到鳥媽媽的蹤影，眼看著天就要黑了，若是把這隻流離失所的孤鳥留在這裡，說不定今天晚上就不幸夭折了。

於是，小男孩決定把這隻小麻雀帶回家飼養，要爲這個脆弱的小生命建造一個世界上最溫暖的家。

一路上他蹦蹦跳跳，掩飾不住自己雀躍的心情。小男孩小心翼翼地把這個新朋友保護在懷裡，不過，當他走到家門口，忽然想起媽媽曾經說過家裡不准養小動物，所以放慢了腳步。

思考了一會兒，他把小麻雀輕輕地放在門口的地板上，自己急急忙忙地走進屋裡去請求媽媽。費盡了九牛二虎之力，在他的口水攻勢與眼淚策略之下，媽媽終於勉強地點頭同意了。

好不容易得到了母親允許，小男孩非常興奮地跑回門口，但是左看右看，卻始終看不到小麻雀的影子，只看見一隻大黑貓正滿臉得意，意猶未盡地舔著嘴巴。

小男孩「嘩」一聲大哭了起來，整個晚上輾轉難眠，傷心極了。但他同時也學到了一件事情：凡是決心要做的事情，就要及時去做，並且堅持到底，絕對不可以優柔寡斷！

從此以後，這個小男孩無論做任何事都秉持著這種精神，長大以後果然成就一番事業，他就是叱吒一時的電腦名人——王安博士。

科學赫胥黎說過一段話，值得我們深思，他說：「一個人的失敗，往往不是受到外在環境的影響，而是受自己的習慣和思想的恐嚇。」

日常生活中，我們不也經常遭遇類似的情節嗎？

只是，我們通常沒從這些過往的教訓中要求自己改變，而是一味因循苟且，讓相同的劇情重複上演。

急躁的人大多短命，太謹慎的人通常也擔心得早死。

思慮周密、面面俱到可以使人做起事來更踏實，卻也同時使人在機運的面前卻步。

在靈光乍現時，把握機會舞動你的生命吧！

只要你稍有一點遲疑，創意的花火便熄滅了，機會也消失了，一切後悔其實都是你自找的。

用心看待自己的生命

你並不是沒有浪費光陰的權利，只要你能浪費得有效率、有品質，那麼你想要適度偷懶，又有什麼關係？

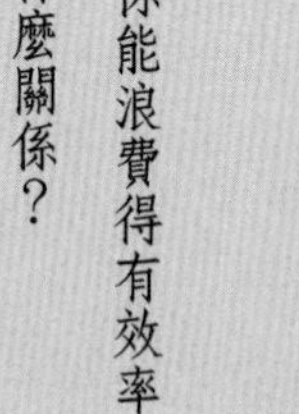

你的一天是從什麼時候開始的呢？

是從打卡鐘響的那一刻開始？還是日上三竿才開始？更或者別人的夜晚才是你一天的開始？

接下的故事，要告訴你一個成功的人，他是怎麼樣安排自己的一天的。

每當午夜十二點，法國文豪巴爾札克便穿著睡袍和拖鞋，走到書房裡，開始了一天的寫作生活。深夜時分，四周寂靜無聲，整個城市都已沈入夢鄉，唯獨他的思緒分外清醒。

巴爾札克手中的鵝毛筆順暢地在紙上跳舞，沒有一分鐘的停頓，轉眼間，已完成了十幾張稿紙。

連續工作了五、六個小時之後，他伸伸懶腰，揉了揉酸澀的眼睛，到廚房裡煮一杯熱咖啡，到陽台上散散步，呼吸清晨新鮮的空氣。

到了早晨八點，巴爾札克吃過早餐，接著便泡個舒服的熱水澡，一邊閉目養神，一邊思索著接下來要寫的內容；浸泡在浴池中的一小時裡，他已經有了充分的構想。

上午九點，巴爾札克開始修正他已經完成的初稿。

這時候，他的靈感像脫韁的野馬，稿紙上畫滿了縱橫交錯的紅線，有時大刀闊斧地刪掉一大段，有時又妙筆生花地添上幾句，整張稿紙猶如一件藝術品，佈滿了大作家嘔心瀝血的痕跡。

到了中午時分，他會停下工作吃午飯，所謂的午飯，有時只是簡單的一個雞蛋、兩片吐司，或者是一小塊肉餅而已，因爲他要滿足的，只是他的胃，不是他的口慾。

下午的時間，他會持續寫作一直到傍晚，直到結束了一天的工作之後，他才允許自己稍微放鬆，舒舒服服地吃一頓像樣的晚餐。

晚上八點，巴黎的夜生活才正輝煌，滿街都是尋歡作樂的人群，並且不時傳來嘻嘻哈哈的笑鬧聲，而巴爾札克爲了四個小時後的工作，早已安穩地躺在床上養精蓄銳了。

數十年如一日，他能夠持之以恆，你可以辦得到嗎？

每個人的一天都只有二十四小時，有的人過得像二十四分鐘，有的人卻可以把它變成兩百二十四小時，其中的差別在哪裡？

就在於看待自己生命和工作的態度。

誰不喜歡偷懶？誰不嚮往安逸和閒散的步調？可以這麼說，蹉跎光陰其實是一件大快人心的事，但是，如果你不能把握每一分鐘，那麼之後就必須要「壓縮」每一分鐘，把一件需要十分鐘完成的事情在八分鐘做好，剩下的兩分鐘才能拿來爲所欲爲。

你並不是沒有浪費光陰的權利，只要你能浪費得有效率、有品質，那麼你想要適度偷懶，又有什麼關係？

不努力，就會淪爲生活的奴隸

懶惰的人如果不試著去改變自己的性格，一味延續舊日習慣，那麼，終究只會成為生活的奴隸。

不經過自身的努力，人就達不到自己想要的目的，任何外來的助力都無法取代你的努力。

世界比你想像中的還要大，只要肯努力，你就能找到成功的契機。

有兩個來自鄉下的年輕人一起到城市找工作，其中一個想去台北，另外一個想去高雄，這兩個都是台灣最繁華的城市，他們心想，不管到哪一個地方，應該都會有不錯的發展。

可是，當這兩個人在車站裡等車時，卻同時改變了主意。

因爲，他們聽到了鄰座的中年人在跟朋友聊天，中年人說，台北人十分精明，在台北不管做什麼都要花錢；而高雄人比較熱情，見到沒飯吃的人，不僅會施捨他，甚至還會把他請到家裡來作客。

原本要去高雄的人一聽，覺得台北眞是個先進的城市，處處都是商機，有許多肯花錢的人；而那個要去台北的人聽了中年人的話，對高雄產生了一股嚮往之情，高雄有這麼多善心人士，在那兒簡直可以不愁吃喝。

於是，他們兩個交換了車票，想去高雄的那個人換成了去台北的車票，而想去台北的人則改變主意前往高雄。

不久之後，去高雄的人發現，高雄果然跟傳說中一樣好。他來到高雄已經一個月了，雖然工作沒著落，但是卻一點兒也沒餓著，只要整天待在超級市場裡，就有免費試吃的東西可以塡飽肚子，還不時遇到一些熱情的人，會主動招待他這個外地人吃吃喝喝，高雄眞是個美好的都市。

而去台北的人也對自己的生活很滿意，台北果眞處處都是賺錢的機會，只要動動腦筋，再花點力氣就可以賺錢了。

他發現一些高級住宅區的居民，連倒個垃圾都要請專人服務，每天只要準時收垃圾，再把它送到垃圾場去，就可以賺到一筆足以溫飽的工資。於是，他從清潔工開始做起，不只倒垃圾，更提供清潔大樓的全方位服務。

不久之後，他存了一筆資金，並且成立了一家清潔公司，自己退居幕後，如今他的公司已有一百五十多個員工，台北市許多辦公大樓的清潔工作由他的公司一手包辦。

十多年以後，這個來台北打拼的人因爲拓展業務而到了高雄。在高雄火車站，他不經意看到一個撿破爛的人，一見面，兩個人都不禁楞住了。

他們依稀記得，自己在許多年前曾經跟對方交換火車票，想不到也因此交換了兩人的命運。

當你看完這個故事，或許會有一些感觸，思索著如果當初沒有交換火車票，他們的結局會有什麼不同？

其實，根本不會有什麼不同，因爲決定命運的不是他們置身的環境，而是他們的性格。好逸惡勞的人無論到了哪裡，可能還是一樣懶惰；而勤奮的人就算遭遇到再大的困境，也一樣能夠找到出路。

懶惰的人如果不試著去改變自己的性格，一味延續舊日習慣，那麼，終究只會成爲生活的奴隸。

衝鋒之前，請先催眠自己

人的潛意識裡蘊藏了無窮的力量，既然外在環境無法給你幫助，那麼何不在腦袋裡，尋找一些新的力量？

如果要你用一隻手抓起一個大男人，你認爲可能嗎？

在一般情況下，你也許做不到，但是看過這則故事之後，你要相信，你絕對可以做得到！

赫赫有名的心理學家哈德菲爾德，曾經做過一個很有趣的實驗，他試圖證實人的心理狀況對生理能力有著莫大的影響。

他請來三個人，要求他們使出全力緊握測力計，然後給予他們三種不同的狀況進行測試。第一種是正常的清醒狀況，在相同的情境裡，三個人的平均握力爲一百零一磅。

接著，心理學家將他們催眠，並告訴他們現在的身體狀況非常衰弱。實驗的結果顯示，他們只有二十九磅的握力，是正常體能的三分之一。其中，甚至有一個彪形大漢，得過兩屆拳擊冠軍，不過在催眠的狀態中，他覺得自己的手臂非常纖細瘦小，和一個嬰兒沒有兩樣。

在進行第三種測試時，這三個人在催眠中被告知自己是個強壯的大力士，只要用一隻手就可以把一棵樹連根拔起。

當他們心中都充滿了這股積極的力量時，每個人的力氣都提升了將近百分之五十，平均握力達到一百四十二磅。

實驗結束後，這三個人看著自己在催眠中的表現，幾乎不敢相信，異口同聲地說出了他們的感想：「天哪！這眞是太神奇了！」

化妝品和印度神油或許有一定的功效，但是，它們最大的效用，其實就是發揮「催眠」的效果。

化妝品讓女人相信自己眞的會變美麗，印度神油讓男人相信自己眞的可以更加勇猛，結果，他們眞的脫胎換骨了。

連青春都可以起死回生，還有什麼事情不可能發生？

當你再怎麼努力也無法達成目標時，不妨將自己催眠吧！讓自己相信所有的不可能都有可能，所有的「沒辦法」都可以解決。

人的潛意識裡蘊藏了無窮的力量，既然外在環境無法給你幫助，那麼何不在腦袋裡，尋找一些新的力量？

PART 8

改變態度，才會過得幸福

每個人都有自己的行為模式，
在愛情裡的空間，
能夠相互體諒、相互配合，
才是莫大的福氣。

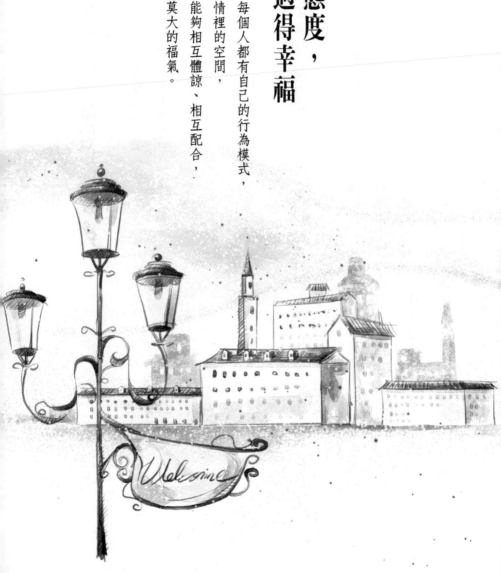

找到自己的位置盡情演出

每個人都有自己的位置，把自己的角色表演到最好，就是我們來到這個世界最該做的事。

人無論進入哪個環境當中，都會想要讓自己處於優勢地位，這是理所當然的反應。

我們會喜歡和優秀的人事物連結在一起，以確保自己的優秀地位，一旦落入所謂非主流勢力當中的時候，就容易產生挫折感和排斥感。

其實，人生不僅僅是優與劣的競逐，每個人都有獨特的價值，我們該做的是找到自己的位置，然後盡情演出。

卡里娜在學校的成績一向不錯，她最好的朋友蜜西，更是班上名列前茅的風雲人物。

升上中學三年級的時候，班上來了一位新老師姓畢，負責教授世界史的課程。畢老師開學第一堂課的第一項工作，就是幫班上同學分組，同一組的同學得將課堂上學到的知識整合成一份小組報告。

畢老師發給每個人一張紙，請每一位同學寫下三個自己最喜歡朋友，讓老師做爲分組的依據，第二堂課時，老師會公佈每個小組的名單。

卡里娜和蜜西相視一笑，因爲她們知道只要把對方的名字寫上，就會被老師分配到同一組，好幾門課都是這樣。

可是，公佈分組名單的時候，卡里娜失望了，她非但沒有跟蜜西一組，而且分配在同一組的，都是平常完全沒有交集的同學。一個是連英語都說不好的外籍男生，一個是渾身髒兮兮、裙子長到拖地的女生，另一個則是整天奇裝異服的女孩。

卡里娜覺得非常難過，因爲她得一整個學期和這三個怪傢伙綁在一起。她決定去向老師抗議，希望老師能改變心意把她分配到蜜西那一組。

但是，畢老師並沒有滿足卡里娜的心願，而是對她這麼說：「卡里娜，別急著忿忿不平，用心去觀察，不久妳就會發現，妳的組員需要妳，而妳也需要他們。」

卡里娜對於老師的說法半信半疑，只能硬著頭皮，試著和其他三位組員互動，畢竟她並不想這一門課被當掉。

結果，幾堂課下來，卡里娜開始發現其他組員並不如她原先想的那樣一無是處。首先，英語不好的馬羅，並非頭腦很差，而是還沒有辦法很準確地用英語把他的想法表達出來，他的數理成績比班上任何一個人還要來得好。

至於，榮莉亞是因爲家庭信仰的宗教緣故，不得不穿長裙活動，不修邊幅的她，對於機器儀器等方面的常識高得嚇人，常說自己以後要當一個賽車整備員，專門替賽車手維修賽車。

總是奇裝異服的瑞瓊，則有自己一套服裝理論，談起時尚話題時，講得頭頭是道，旁人幾乎插不上嘴。

相對的，卡里娜也有自己的風格，經過一段時間相處後，她慢慢發現自己可以在什麼地方幫助他們。在她積極連繫之下，四個人都發揮了自己的特質，分工合作的結果，他們這一組的報告成績獲得了A。

得到好成績，四個人自然都非常高興，不過，他們也打從心底佩服畢老師，因爲如果不是他，他們不會知道透過彼此合作、各自發揮竟然可以如此順利完成這個報告。要是他們也可以打分數的話，也會爲畢老師打上A。

我們生活在這個世上，每天看似和很多人共處，但事實上，我們關注的對象只有少數人。對於大部分不直接對我們造成影響的人，我們多半採取「視而不見」的態度。

我們不會在乎今天搭上公車的司機是什麼樣的人，也不會在乎公司旁邊便利商店的店員是誰，更不會在乎今天打掃捷運站公廁的人是誰。然而，仔細想想，不正因爲這些人在自己的工作崗位上善盡職責，我們的生活才得以順利推展？

不要小看自己，也不要小看別人，每一個人的努力，都會爲別人帶來影響。身爲這個世界裡的一份子，每個人都有自己獨特的價值，或許，我們其中的某些人，幸運地獲得比較多的資源，但並不意謂著這些人就具有比較高的存在價值。

每個人都有自己的位置，把自己的角色表演到最好，就是我們來到這個世界最該做的事。

改變態度，才會過得幸福

每個人都有自己的行為模式，在愛情裡的空間，能夠相互體諒、相互配合，才是莫大的福氣。

有些人喜歡操控事物，有些人則不喜歡爲事情的發展傷腦筋，有些人喜歡發號施令，有些人喜歡聽命行事……

這世間什麼樣的人都有，性格不同的人可能因爲互補，相處起來分外合拍，但也可能觀念不合而鬧得雞飛狗跳。

因此，能夠遇上一個和自己在各方面都配合的朋友，即使做不成知己，也會讓人打從心裡覺得慶幸。

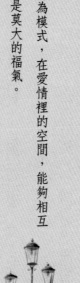

可是，一旦原本合拍的兩個人產生了競爭意識，那麼，「一定要贏過對方」的心態，就會在不自覺間形成一股壓力，根基不夠深厚的情誼，說不定就會因此而變質。

有一對夫妻雖然約定好大事丈夫管，小事老婆管，但什麼是大事，什麼是小事，老婆說了才算數，實際上掌控大局的是老婆。

有一天，丈夫與友人聊天，聊著聊著，就聊到了大丈夫威嚴的話題。他的律師朋友，意有所指地暗示他是個「妻管嚴」，更強調要是他再這麼讓老婆「作威作福」下去，最後可就一點男人的氣概都沒了。

他本來樂得什麼事都交給老婆管，但是，被朋友這麼一激，心裡很不是滋味，打算讓自己重振雄風。

於是，他在回家的路上，繞道去了趟理髮院。一回到家，他的妻子果然徹底被嚇了一跳，忍不住大叫：「喂！你瘋了嗎？你沒事幹嘛剃光頭！」

沒錯，他故意把所有頭髮理光，還擺出一副型男的模樣：「噢，親愛的，何必這麼大驚小怪呢？這可是『夏季款』呢！」

老婆聽了可不管，尖聲尖氣地回一句：「我管你冬天款、夏天款，反正你這副怪模樣，別想我跟你一起上街。」

但他可不依，立刻催促老婆：「少囉嗦，妳快去換衣服，等一下我們一起去看電影。」

老婆被他突如其來的強勢嚇到了，結婚以來，他從來不曾用這種態度對她說話，有點莫名其妙地問：「你是怎麼回事，怎麼這麼說話？」

他乾脆豁出去了，粗聲粗氣地說：「少廢話，別管我怎麼說話，也別管有沒有頭髮，反正妳今天一定要跟我去看電影就對了。」

他的妻子怯怯地問：「你到底怎麼了？理髮師傅把你的涵養連著頭髮一起理掉了嗎？」

他聽到她又提頭髮的事，心裡更火，打從結婚之後，他從頭到腳樣樣她都要管，穿什麼衣服配什麼鞋子，都得聽她的，現在他打算自己做主。於是，他對妻子大叫：「對，從現在起我的頭歸我做主，用不著妳管。我就愛光著頭，想去哪裡就去哪裡。妳要是還當妳是我的老婆的話，就別廢話，跟著我走就對了。」

就這樣，他拉著老婆出門看電影，一路上不管是搭車還是買票，都可以明顯地感覺妻子的不自在，但他卻故意摟肩搭背，一副親密模樣，目的就是要展露出自己的大男人風範。

後來，在電影院裡，電影看了一半，老婆藉口去洗手間，而後便沒再回到座位上。他火大地回到家，發現妻子躲在棉被裡哭泣，一時間也有點後悔自己太過亂來。正想低頭道歉，結果一掀開棉被，他驚訝得說不出話來。

不知何時也把頭髮理光的老婆，掛著一臉淚痕對他說：「我不管，你明天一定要陪我去看電影。」

看來這場夫妻之爭，做丈夫的輸得很徹底，他的老婆不愧是最親密的枕邊人，十分清楚知道要怎麼對付他。

可是，夫妻之間並不是交戰的兩國，整日爭來鬥去又有什麼意義呢？

在愛情裡面計較誰愛誰多、誰愛誰少，是件無聊的事，追究誰該聽誰的才行，豈非更加無聊？兩個人能夠在一起，一路隨行就是一種緣份了，哪個人走在前頭又有什麼好計較的呢？兩個人能夠牽著手一起走過人生路，才是眞正的幸福。

每個人都有自己的行爲模式，在愛情裡的空間，能夠相互體諒、相互配合，才是莫大的福氣；要是鎭日追究誰比較偉大、誰該支配誰，這樣的愛情又如何能幸福？畢竟，誰爭贏了又如何呢？

改變態度，才會過得幸福！除非你愛競爭的感覺愛上了癮，否則，別把競爭帶進愛情裡，日子過起來才會輕鬆許多。

記得把善意傳遞出去

假使，從我們受到幫助的那刻就啟動了一個善的循環，那麼，我們要做的回報，就是使這個善的循環一直延續下去。

施恩不望回報是難能可貴的情操。

儘管大家都感慨社會現實殘酷，但遇到急難事件，願意暗中伸手援助的人，其實不在少數。

最常見的是，只要電視上又報導了哪些可憐、需要援助的對象，就有不少人慷慨解囊，願意匯款到特定的救助帳戶，而且通常是不具名的。這顯示了，這個社會還是充滿溫情的，也顯示大多數人期望自己能夠生活在善良的社會，願意將溫暖送給別人。

生活之中有許多的例子告訴我們，「善」其實是一種良性的循環。如果整個大環境都是善良的，那麼置身其中的每一份子，或多或少都能從流轉的善意中受益。

一個寒冷的傍晚，失業一陣子卻苦苦找不到工作的喬，無奈地開車回家，發現山路邊有一輛車拋錨了，一位老太太正站在賓士車旁不知所措。

本來喬並不想多事，只想快點回家，因爲天色快暗下來，說不定等會兒就會開始下雪。可是，在他開車經過老太太身邊的時候，還是忍不住多看了幾眼，隨即踩下了煞車。

他實在沒有辦法在這種天候下丟著一個無助的老太太不管。他停下車，走向老太太，看得出她並不是非常信任他，臉上有著防備的神情。

他問：「妳需要幫忙嗎？快下雪了，妳最好進車子裡避避寒。」

老太太望著他遲疑了一下，才無助地對他說車子突然爆胎了，一時間不知道該怎麼辦才好。

喬仔細地察看了一下車況，發現車子裡有個備胎，便向老太太表示，他的車裡有工具，可以幫她換掉破了的輪胎。

喬拿出了千斤頂等工具，花了點時間總算把輪胎換好，儘管搞得全身髒兮兮，但內心充滿喜樂。

老太太非常感謝他的幫忙，一再問要付給他多少錢。喬並不覺得這點忙有什麼大不了的，於是對老太太說，當她有機會幫助別人的時候，別吝於伸出援手，就是最好的報答。

而後，喬在老太太發動引擎之後，也趕緊上路準備回家。

老太太開了一段路，看到一家咖啡館，便下車休息，前來接待她的服務生，是一名大腹便便的女士，看起來已經快要臨盆，卻依然辛苦地工作。用完餐，老太太拿了一張一百元美金的鈔票交給那名女服務生，對她說剩下的當作小費，請她買些營養品補補身子，不要太辛苦。

老太太還交給她一張寫在餐巾紙上的「紙條」，上頭寫著：「請收下這份善意的禮物，我剛剛受人幫助，希望自己也能幫助別人，如果妳想要回報，請再找機會幫助別人，別讓這個愛的循環斷掉。」

女服務生收到如此鉅額的小費，本能地想要推辭，但最後還是收下了。因爲她很需要這筆錢，她的丈夫已經失業一陣子，而孩子又快出世了。

她的內心充滿感激，工作結束後回到家，躺在丈夫身邊的時候，輕輕地擁住丈夫，對他說：「一切都會好轉的，我愛你，喬。」

或許，你並不相信眞實世界也會如此美好，但是，不可否認的，這樣溫馨的小故事經常發生在我們周遭。我們都可能會在某個窘迫危急的時候，受到不知名人士的幫助，內心充滿感激，卻不知從何回報起。

假使，從我們受到幫助的那刻就啓動了一個善的循環，那麼，我們要做的回報，就是使這個善的循環一直延續下去。

我們當然不需要偽善地沽名釣譽，但是，當我們能夠伸手扶人一把的時候，也不要吝嗇地緊握雙手。

假使你習慣付出善意，那麼，當別人幫助你時，你自然能坦然以對，只要有機會再把善意傳遞出去，心中就不會有太大的壓力。

不必強迫自己一定要當個好人，也無須逼迫自己去當個冷漠的人，依照內心的感覺，做你該做的事，這個世界就會變得更加美好。

與其猶豫不決，不如順從你的感覺

何必猶豫不決？順從你的直覺，適時把你的誠心誠意表現出來，通常你就會因此做對事情，而且得到最好的效果。

風靡華文世界的暢銷書作家南派三叔，在《盜墓筆記：秦嶺神樹》中曾經提及「最純粹的念頭」這個概念，並且有深刻的論述。

所謂「最純粹的念頭」，就是未經價值判斷，未經邏輯推演，靈光乍現般浮現腦海的想法，通俗的說法就是「直覺」。

人的直覺，經常會有一定的準確度，順從自己的心意和直覺，有時說不定反而比一再前後思量斟酌來得更正確。

艾克斯走過一家精品店的時候，突然發現一個紅色的玻璃水果盤，覺得妻子克拉一定會很喜歡，因爲她一直很喜歡這些製作精製的東西。

突然間他有種衝動，想要把那個水果盤買下來，於是走進店裡。店員自然很樂意爲他服務，把水果盤送到他面前時，還貼心地問：「您要不要看一下成對的小碟子呢？」

艾克斯想了一想，口袋裡並沒有足夠的錢，而且沒事突然買禮物給克拉，她八成也會覺得奇怪，於是對店員說：「不，算了，我改天再來買。」

艾克斯並沒有把自己的發現對克拉說，只是一直惦著那個水果盤，心想克拉收到禮物一定會很高興。

第二天早上，艾克斯發現克拉好像心事重重，但是又猜不透她到底是爲了什麼事煩惱，一整天，艾克斯都爲克拉的不開心感到在意。於是，他回家的時候，狠了心把那個水果盤買了下來。

回到家，他發現妻子有點不一樣，好像刻意打扮了一番。他看得有點發楞，讚美說：「妳今天好漂亮！」然後不自覺地把手裡的東西交給妻子。

克拉收到禮物，整個人笑了開來，彷彿所有的神采、光芒都匯聚到她身上。當她發現包裝精美的禮盒裡是個精緻的水果盤時，更是開心地撲上來抱住艾克斯，笑著說：「噢！我還以為你忘記了，虧你演得這麼好，早上故意不動聲色，害我好難過！」

艾克斯被妻子的話搞得一楞一楞的，到底今天是什麼日子，自己怎麼想不起來？克拉很快就給了他答案：「噢，親愛的，你知道嗎？這真是我見過最漂亮的水果盤了，我想任何一位妻子收到這樣的結婚週年禮物，都會和我一樣開心！」

艾克斯可說是誤打誤撞地送對了禮。一般來說，男人大部分都不太記得女人在意的重要節日，女人也通常假裝不在意，一旦男人能夠記得住、有所表示，就會像克拉一樣感到開心異常。

然而，讓她們開心的，並不一定是禮物的內容有多貴重，而是對方那麼重視自己的心意。

或許，艾克斯並不記得對妻子而言很重要的結婚週年紀念日，但是他一直在乎妻子的喜好和情緒，所以憑著直覺行動，無疑也展現出他對妻子的在意和重視。

所謂「禮輕情意重」，令人感動的，不是禮物的內容與價值，而是那一份送禮的心意和誠意。

何必猶豫不決？順從你的直覺，適時把你的誠心誠意表現出來，通常你就會因此做對事情，而且得到最好的效果。

知道自己在做什麼最重要

只要明確知道自己在做什麼，那麼無論最終得到的是褒或貶，我們都無須太過在意。

你還在等待別人點頭肯定嗎？你還在等候人們發出支持之聲嗎？但是當你眞正等到這些回應時，它們能爲你帶來多少自信？即使眞的增強了你當下的信心，又能持續多久呢？

關於苦候不到的肯定，等待不到的支持，人們的質疑或否定，我們其實不必太過在意，因爲自己的價值就在自己的心中，只要能坦然地面對生活中的一切，只要知道自己在做什麼，那便足夠了！

在牛津與劍橋這兩所著名的大學中，皆有一個以「伊沙克．沃夫森」爲名的學院，這是一位猶太人的名字。

被譽爲當代最慷慨的慈善家伊沙克．沃夫森，是一位蘇格蘭籍的猶太人，也是英國最大的百貨公司——大宇宙百貨公司的總裁，此外，他還擁有約三千多家零售商店，經營觸角更是涉及銀行、保險、房地產業……等等，甚至連水陸交通運輸業，他也都積極參與投資。

一九五五年，沃夫森決定用自己的名字，設立一個慈善基金會，雖然他沒有設定援助的對象，但是成立後近二十多年的時間，主要資助的對象都是一些教育機構，總資助額約有四千五百萬美元。

正因爲他的慷慨捐助，許多大學院校都特別頒發給他榮譽學位證書。

但是，不斷領取這些證書的沃夫森，卻常被人質問他的捐錢企圖。

有人質問他的朋友：「沃夫森這傢伙，既是皇家外科醫師會的會員，又是皇家內科醫師學會的會員，既擁有牛津大學的教會法規博士的頭銜，同時又有劍橋大學的法學博士學位，他的學歷證明還眞是多啊！但是，他拿那麼多的大學博士學位有什麼用，他做了哪些事得到這些資格呢？」

友人笑笑地說：「他是個很會寫東西的人。」

質問者一聽，吃驚地問：「寫東西？他寫了些什麼作品啊？」

友人點了點頭，接著用十分堅定的語氣說：「支票！」

只要明確知道自己在做什麼，那麼無論最終得到的是褒或貶，我們都無須太過在意，就像故事中被質疑的沃夫森一般，對於人們的嘲弄一笑置之。

「何必在意別人怎麼看，你只需知道自己在做什麼就好！」這是沃夫森在故事所欲傳達的旨意，在坐擁名利的同時，他知道自己問心無愧。

落實這樣的態度於生活之中，每當受盡人們嘲笑或反對的時候，我們首先要做的，不是停止行動，而是仔細問一問自己：「你是否知道自己在做什麼？又是否能坦然面對眼前的質疑與困擾？」

只要答案是肯定的，那麼我們當然要更加積極地前進，因爲那是我們肯定自己的重要來源，也是支持我們尋找眞正自我價値的依據。

至於，要到什麼時候才能得到社會的認可，我們何須著急？應當像沃夫森一樣瀟灑地面對，明白自我認同的重要。

因爲，在這之後，我們自然就能展現出個人的非凡價値，而人們的肯定目光也自然會被吸引過來。

不放棄，就一定有機會

自信是每個人最好的依靠，勇氣是我們最佳的伙伴，如果你的夢想沒有破滅，不妨多給自己一點信心。

看見山路崎嶇，你習慣退回原地重新開始，還是停在路口不住埋怨：「爲什麼這條路那麼崎嶇？爲什麼老天爺不給我一條平坦的路？」

其實，對堅決不放棄的人來說，無論退回原點重新開始，還是繼續前進，他們都知道，自己終有一天定能到達山峰。

反之，那些只知道抱怨的人，即使有人指引他們一條平坦的山路，他們最終還是會嫌坡度太陡。

有個美術系剛畢業的女生，對於布料圖樣的設計非常感興趣，在畢業前夕，便選定了未來要走的路了。

但是，想進入這個行業並不容易，對於這個剛出社會的女孩來說自然困難重重，由於大部份的服裝設計師與配合的上下游廠商大致是固定的，他們對於這個完全陌生，初出茅廬的設計者根本就沒什麼興趣與信心。

這天，女孩又拿了一堆精心設計的作品到一間著名的設計師公司，助理連看都沒看就想打發她走，在她苦苦哀求，助理只好軟下心腸答應：「好吧！我拿去給計師看一下。」

不久，助理終於走出來了，只是答案和過去被拒絕的情形一樣：「對不起，設計師說我們的設計圖太多了，實在沒時間看，而且我們早就有固定的合作伙伴了，所以您請回吧！」

四處碰壁的女孩心情非常沮喪，但是，她還是堅地對自己說：「不行，妳一定要堅持下去！或許這些推銷方法不對，得再想想其他的辦法，相信只要找對了方法，就一定能打破僵局。」

有一天，女孩走在路上正巧遇到了一位名歌星的簽名會，看著宣傳照上的美麗服飾，女孩突然靈機一動，跟著歌迷們擠到了前方。

人龍一個接著一個，女孩終於等到機會了。

「妳好，我好喜歡妳喔！我眞想爲妳設計一些漂亮的服裝，請妳幫我在這幾塊布上簽名，這是我剛剛設計出來的圖樣喔！」

女孩抓緊機會宣傳自己的作品。

沒想到這位歌手對她的作品十分感興趣，親切地對女孩說：「眞漂亮，這些全都是妳設計的嗎？能不能請妳和我的設計師聯絡，我想用妳這些布料做衣服，可以嗎？」

接著，歌手從口袋裡挑出一張名片：「這是她的電話，妳直接告訴她，是我要妳過去的。」

只見女孩瞪大了眼，她抖著聲音說：「這是眞的吧！不是，我是說，好，我明天就過去。」

第二天早上，女孩再度出現在曾拒絕她的設計師面前，並拿出歌手簽了名的布料說：「您好，是她叫我來找妳的，她說希望能用這些布料做衣服。」

希望其實一直在每個人的心中，只要我們不輕易放棄自己的夢想，美夢成眞的機會就不會棄我們而去。

故事中的女孩，雖然一再地被否定與拒絕，但是帶著夢想前進，她始終堅持相信：「我的夢想一定能成眞。」

走進現實生活中，相信有許多人正和女孩一樣不斷地遇到挫折。也許你曾寄了上百封個人資料，希望能得到一個工作機會，也曾經接到上百封「很抱歉」的回覆，面對著一張又張的被拒回函，你都怎麼告訴自己？

是嘆了幾聲，然後說：「根本沒有人想用我！」

還是像女孩一般對自己說：「沒關係，一定還有其他的機會。」

一開始我們就是在跌跌撞撞中展開自己的人生，應該很習慣了「跌倒」的感覺，當然也更習慣了「再站起來」的經驗，是吧！

其實，生活之中並不需要有太多的運氣，因爲自信是每個人最好的依靠，勇氣是我們最佳的伙伴。

如果你的夢想沒有破滅，不妨多給自己一點信心，只要你能再積極一點，充分地展現你成功的企圖心，夢想一定能實現。

改變想法，是修正錯誤的最佳方法

生活上的缺口往往都只是個小缺口，但是無法冷靜處理問題的人，經常在錯誤的解決方法下，將小缺口拉扯得越來越大。

當我們遭遇困境的時候，往往會怨天尤人，哀憐自己爲何遭遇這種厄運，接著對未來抱著悲觀和沮喪。但是，悲觀沮喪並不能解決問題，改變思考方式才是面對困境的最佳方法。假如我們試著改變面對的態度，那麼我們就可以看見另一番不同的景象。

生活中的損失不一定就是完全失去，只要我們能從錯誤中立即找出停損點，積極地爲生活找到另一條出口，便能讓生活中的缺口及時獲得塡補。

喬治是哥本哈根大學的學生，今年他計劃好獨自一人在美國旅行，行程的第一站是到華盛頓的威勒飯店。由於住宿費已經由代辦的旅行社支付，所以他只需要確認入宿的房間號碼與退房時間即可。

喬治在就寢前前，再次確認放在上衣口袋上飛往芝加哥的機票，以及擺放在褲袋裡的護照和錢包。

然而，就在這個時候，喬治忽然驚呼：「我的護照和錢包不見了！」

著急的喬治連忙下樓，向旅館的經理報備，經理聽見喬治的陳述後，便安撫他說：「放心，我們會盡力尋找。」

喬治聽見經理的保證，便放心地回房睡覺了。

第二天早上，喬治連忙向經理詢問失物的下落，只見經理滿臉抱歉地回答說：「不好意思，我們還未找到。」

身在異鄉的喬治，此刻有些手足無措，於是打電話向住在芝加哥的友人求救，但是他還無法決定，到底他該要大使館報備遺失護照，還是就靜靜地坐在警察局裡等待消息？

轉念間，喬治忽然想到：「不行，我大老遠來到華盛頓，時間相當寶貴，怎麼能呆在這裡呢？今晚我便要到芝加哥去了，今天一天的時間我絕對不可以浪費，錢和護照的問題就留給警察們去幫忙，我現在應該要暢遊華盛頓才是，不然將來恐怕沒什麼機會了。」

於是，喬治向警察報告一下自己的計劃，很快地，他便開始進行徒步之旅。就這樣，喬治用他的雙腳，走遍了白宮和華盛頓紀念碑，也走過了這個城市裡的許多角落。回到丹麥之後，每當朋友們問起他的美國行時，他總是回答：「這趟美國行最令人難忘的一段，正是我徒步行走華盛頓的那一天！總之，把握當下才是最重要的！」

回到丹麥第五天後，華盛頓警局終於將找到的錢包和護照寄還給他。

看完了故事，我們可以試著想像一下，如果換成是自己，最終可能會是什麼樣的結果？相信有人一定會手足無措的，慌亂得忘了下一步該怎麼走。或是呆坐在警局中，平白地浪費了待在當地的每一分每一秒，甚至有人會更改行程，早早返鄉，草草地結束了這一趟旅程。

你是否也像上述的情況呢？還是能像喬治一般，冷靜地重新規劃這趟突發狀況的旅程？

故事中，我們很清楚地看見了喬治積極的生活態度：「把握當下！」

其實，生活上的缺口往往都只是個小缺口，但是無法冷靜處理問題的人，經常在錯誤的解決方法下，將小缺口拉扯得越來越大。因爲他們滿腦子只有「已發生的事」，而不願改變思考方式，所以，有人發生像喬治一樣的狀況時，總是徒留「最悲慘的記憶」，而不是「最難得的回憶」。

生活中，我們要面對許多突發狀況，不妨試著改變思考模式，那麼無論事情進展如何，我們不僅能依當下的情況修正步伐，也能像喬治一般，充分地表現出臨場的機智與解決問題的能力。

珍惜緣份帶來的幸福

一對男女能夠在一起並且愛上對方，是需要緣份加持的；如果沒有緣份，即使一再擦身而過，也不可能撞擊出火花。

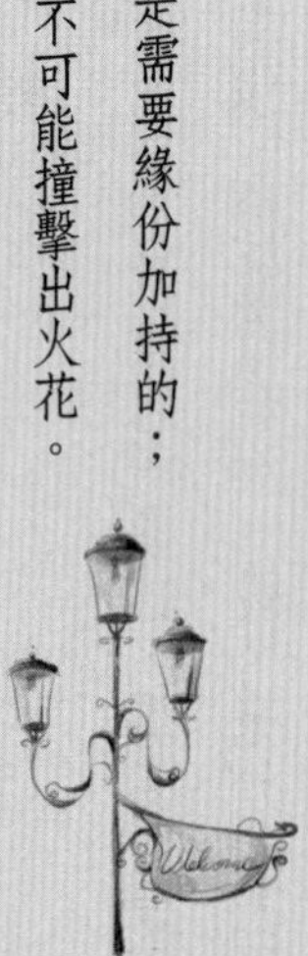

在自由戀愛風氣盛行的現代，婚姻的目的不再以傳宗接代爲前提，而是夫妻二人因爲相愛而決定生活在一起。

一對男女相互喜愛，決定進一步深入交往，通常是現代婚姻的主要基礎。兩個人能夠在許多方面相互適合，相處起來自然融洽，如果連雙方的家庭都可以密切結合，那麼，這樣的婚姻路走起來一定更爲順暢。

然而，親友的介紹、父母的撮合，眞的一點好處也沒有嗎？

其實不然，有時候，一個人對自己的瞭解，還不如養育自己多年的父母。只不過，有些人非常排斥經由他人媒介，希望自己戀愛、結婚的對象，是經過自己評估和判斷的。

貝麗總是高呼戀愛自由，更強調「愛人一定要靠自己找」。因此，當擔任飛行員的父母想爲她介紹一個年輕飛行員時，她二話不說就拒絕了，儘管她的父母一再稱讚這個男孩年輕有爲，和她一樣在俄亥俄大學攻讀學位。總之，貝麗下定了決心，一定要靠自己尋尋覓覓，找到屬於自己的眞命天子。

貝麗大學畢業後，在一家攝影工作室工作，有一天受命負責一項空拍的工作。當天一大早她就來到機場，準備搭乘小型飛機昇空進行空拍。

當她走到停機坪，小型飛機已經完成熱機的準備工作，飛行員正在駕駛座上等著她上機。貝麗坐上飛機後座，只能從駕駛座座椅之間的空隙望見飛行員的背影和側臉。

貝麗後來回憶起當時心裡的想法：「當我第一眼看到他飄揚起來的黑髮，心裡就充滿情不自禁的異樣感覺。」

她強迫自己不要心猿意馬，專注在拍攝的工作上。然而，當天的氣候並不理想，不時候有烏雲出現阻撓拍攝視線。就在她的拍攝工作進行一個段落後，小型飛機突然向上攀升，一陣震盪之後來到了雲層上方。

隨即從駕駛艙傳來駕駛員的聲音：「抱歉，前面有一波亂流，我們先在雲層上方飛一陣，待會再下去。」

貝麗聽了笑著回應說：「沒關係，剛才我已經拍了幾張不錯的照片。」

接著，兩人便聊開了，簡單介紹彼此，貝麗得知駕駛員叫布朗。

貝麗這才發現，原來這個背影讓她心動的人，說起話來也很風趣。聽見布朗爽朗的笑聲，她突然好想知道他的模樣，也好想爲他拍照，以這片藍天爲背景好好地拍幾張照片。

飛行工作結束，貝麗也完成了拍攝的工作。下機時，布朗以有力的手掌協助貝麗下機，在兩人相視對望的一刻，彼此都知道自己已經找到盼望已久的心上人了。

貝麗心想自己的父母一定會喜歡布朗，於是邀請布朗和她一起回家用餐。當他們一起出現在貝麗的父母面前時，他們忍不住驚訝地喊：「布朗，怎麼會是你，你怎麼會和貝麗在一起？」

貝麗這才知道，原來四年前她的父母想幫她介紹的對象就是布朗。

這一切只能說是姻緣天注定，經過一番轉折，有緣的人終究會在茫茫人海中相遇相戀。

緣份其實很奧妙，彷彿冥冥之中有一雙無形的手在撮合這一切。相遇的形式並不重要，重要的是眼前這個人是不是自己尋尋覓覓的對象。貝麗的父母真心想要女兒找到一個理想的歸宿，而布朗正好就是適合貝麗的人選，即使沒有父母從中介入，他們遇見了，自然也會彼此愛上對方。

只不過，如果貝麗不那麼排斥父母的建議，她和布朗的戀情說不定就能夠在更早之前開始，而不需浪費那麼多尋覓的時光。

人與人之間，最重要的就是緣份，一對男女能夠在一起並且愛上對方，是需要緣份加持的；如果沒有緣份，即使一再擦身而過，也不可能撞擊出火花。有緣份才能碰在一起，有緣份才有機會發現對方的好，有緣份才能夠一起牽手走得長長久久。

PART 9

改變環境
就能改變人生

若要強迫他人依照我們的路子去走，
枉顧他人的意願，
那麼所得到的回應肯定只有反抗和虛情假意。

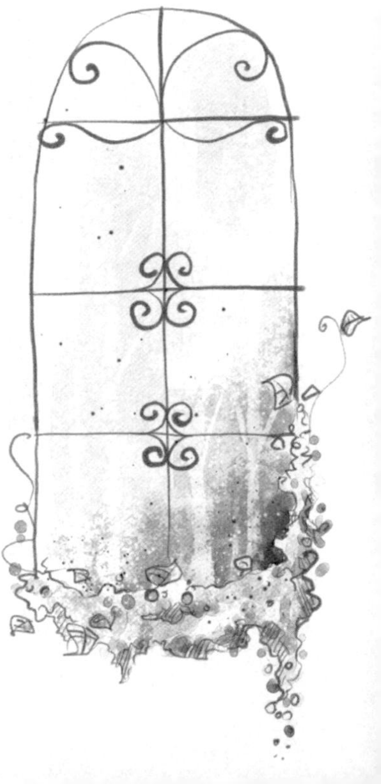

加深印象，才會留下好印象

如何成功抓住人們的目光，是行銷宣傳的最大挑戰。利用重複來加深印象，利用反差來製造驚奇，都是引人注意的好方法。

人生過程中，所有發生在我們身上的順境或逆境，其實都隨著我們面對的態度在改變。態度正是改變不如意際遇的關鍵因素，遇到層出不窮的各種障礙，如果你願意試著改變，就會有不一樣的發展。

人生如此，個人或產品的行銷也是如此。

在這個「不行銷就死亡」的年代，有很多人爲了宣傳，花費大把銀子砸廣告。

只不過，宣傳的效果不見得一定和花費呈正比，有時候宣傳之所以成功，只在於展現特色，成功引起人們的注意，而且留下深刻印象。

有一天尼古拉因爲急事，不得不招了一輛計程車，由於倫敦的計程車費非常昂貴，以他平常的習慣，是絕對不可能這麼做的。

一坐上車，司機留了個絡腮鬍，怎麼看都讓尼古拉覺得眼熟。後來他環視了一下車廂內的環境，才發現前座掛了一小幅畫像，裡頭竟是社會學家卡爾・馬克思。尼古拉這才知道，他之所以會覺得司機眼熟，就是因爲司機的模樣長得和馬克思極爲相像。

尼古拉問司機：「你是馬克思主義的信徒嗎？」

司機沒有直接回答，遞過一張名片給尼古拉，名片上寫著：安東尼・馬克思，接著才說道：「他是我的高祖父，我的曾祖母是他的女兒。」

尼古拉說：「你們長得很像，不知你們其他地方是不是也一樣？」

司機爽朗地笑了笑：「我可不像他那麼有學問，我頂多喜歡整理整理花園和開車四處兜風，要眞要說有什麼地方像，就是我和他一樣都愛喝啤酒。」

尼古拉和這位談笑風生的司機一路閒聊，聊了許多和馬克思相關的傳聞和見解。下車的時候，司機先生遞過一個錢筒，要尼古拉把車資投進錢筒裡，錢筒上寫著「資本」字樣。

尼古拉打趣地說：「怎麼，這是爲了宣揚馬克思精神而做的嗎？」他知道馬克思的《資本論》一書對世界造成了重大影響，這本書可說是馬克思思想的核心。

司機聳聳肩說：「隨便你怎麼說，想在倫敦討生活可沒那麼容易，什麼都貴得要命。」

最後尼古拉在錢筒裡多丟了些錢當小費：「謝啦！很高興認識你。」

司機則遞了一張卡片給尼古拉：「很高興爲你服務，這個電話一天二十四小時都可以叫車，隨叫隨到。」卡片上寫了一個電話號碼，背面則是卡爾·馬克思的肖像畫。

瞧！這不就是一個很成功的廣告。下一次，難得搭計程車的尼古拉又得搭車時，勢必很直接就想起這位自稱馬克思後人的司機先生。

在整個接送的過程中，這名司機一再地將自己和馬克思作連結，以引起尼古拉的好奇，也一再與尼古拉攀談馬克思相關的話題，儼然把馬克思當作事業的商標，可說是相當高明的手法。

我們的大腦一天要關注並處理許許多多的資訊與訊息，如何成功抓住人們的注意力和目光，就是行銷宣傳的最大挑戰。

利用重複來加深印象，利用反差來製造驚奇，這些都是引人注意的好方法；最後，記得不要強迫推銷，把選擇權交到顧客的手中，更是留下好印象的最高指導原則。

挖空心思，就會有更多收入

只要加上一點點小技巧，結果就會有大大的不同。只要跳脫舊有的模式，即使是老產品，也能重新吸引人們的注意。

不要覺得生意人很奸詐，他們只不過是比平常人更洞悉人性而已。

商人們挖空心思、花招百出，無非是爲了賺更多錢，只要取之有道，又有何不可呢？

有一家專門生產牙膏的公司，牙膏品質好、包裝佳，市場佔有率很高，非常

受消費者的歡迎。

從創立之後，公司的營業額連續十年不斷地向上攀升，每年增長的幅度都在百分之十至百分之二十，是一個不容小覷的優質企業。

但是，到了第十二年，市場已經趨於飽和，該公司的業績也開始出現停滯的現象，之後的兩年甚至呈現負成長。

公司總裁察覺事態嚴重，必須馬上挽回頽勢，便立即召開緊急會議，與公司主管們共同商討對策。

會議中，公司總裁爲了鼓勵員工們積極參與，便大方地向在座的所有人員承諾說：「只要誰能夠想出好的應變策略，可以讓公司的業績增長，我馬上重賞十萬元獎金。」

此時，有位新上任的年輕經理站起來，遞給總裁一張紙條。總裁打開紙條讀過一遍之後，笑容漸漸浮現在臉上，而且馬上起身開了一張十萬元的支票給這位經理。

究竟這位年輕經理在紙條上寫了些什麼呢？

紙條上頭只寫了一句話：把現在牙膏的開口擴大一毫米。

多麼簡單的一個辦法！卻是增加銷售量有效的靈丹妙藥。

消費者每天早晚刷牙都有一定的習慣，擠牙膏的長度受習慣所支配，不會輕易加長或縮短，但是只要牙膏的開口擴大一毫米，消費者就會在不知不覺中多用一毫米寬的牙膏。

全世界的消費者這麼多，如果每個人每天多用了一點點，那麼每天牙膏的消耗量將會增加多少呢？這眞是個絕妙的點子！

公司總裁立即下令更換牙膏的包裝，到了第十五年，公司的營業額果然急速上升，而且增加了百分之三十，這項成績全都歸功於他們亮麗的「新包裝」。

面對生命中的各種難題，用不同的角度解讀，往往會得到不一樣的結果，找到全新的道路。

俄國作家克雷洛夫曾說：「有天分而不持續運用，天分一定會消退。如果你不掌握向前邁進的速度，那麼你將在慢性的腐朽中逐漸衰滅。」

確實如此，唯有經常動動腦，認眞開發自己的天分，才會被這個日新月異的社會淘汰。

看了前面這則故事，你終於了解爲什麼市面上的產品總是喜歡每過一段時日就更換包裝了吧！

每一次改變，其實都暗藏著消費者不了解的玄機。

做生意的法則萬變不離其宗，那就是絞盡腦汁讓消費者心甘情願掏出錢來購買自己的產品。

只要加上一點點小技巧，結果就會有大大的不同。

「換湯不換藥」、「舊瓶裝新酒」這些都是百戰百勝的行銷手法，因爲它符合了人們喜新厭舊的天性，只要跳脫舊有的思維模式，即使是老產品，也能重新吸引人們的注意。

別讓腦袋長滿青苔

唯有讓你的頭腦成為一顆滾動的石頭，時時充滿創意，你才不會被時代的洪流淘汰。

我們常常會聽到周圍的朋友或同事在遇到比較困難的事情時，第一句話大部分都是：「我做不到。」

當然，因爲我們不是超人，所以有做不到的事情是必然的。

但是，有很多時候，我們做不到的原因，不是我們不會做，而是因爲每天只做相同的事情。

這種一再重複的生活模式造成我們的錯覺，一遇到自己不熟悉的事情，就以爲我們眞的做不到。

如果一隻狼要帶好幾隻小狼過河的話，牠會怎麼做呢？

以一般常識來判斷，我們會認爲，狼一定會把小狼一隻一隻叨過去，但是，事實並不是如此。

動物學家告訴我們，狼爲了怕小狼在渡河時受到攻擊或傷害，牠會先咬死一隻動物，然後向這隻動物的胃吹氣，讓這隻動物成爲一個充滿空氣的氣囊，再藉著這個氣囊讓全部的小狼都可以一起過河。

在動物的世界裡，狼是一種非常聰明的動物，如果讓一隻狗與一隻狼互相搏鬥，輸的那一方肯定是狗。狗與狼屬於同種的動物，牠們之間的體型也不分上下，你一定很好奇，爲什麼輸的一定是狗呢？

動物學家曾經就這個問題，對狼和狗進行長期而仔細的研究。研究結果發現，經過人類長期豢養的狗，因爲不需要面臨生存危機，所以腦容量遠遠比狼來得小。

而長期生長在野外的狼，爲了在競爭激烈的自然環境中求生存，因此牠們的大腦開發程度，是狗所比不上的。

長此以往，狼不但深具隨機應變的能力和敏銳的觀察力，生存智慧也超乎尋常動物。

有一句英文的諺語說：「滾動的石頭不生苔。」

如果把頭腦比喻成石頭，那麼，我們就必須常常尋找新的刺激，從一成不變的生活中跳脫出來，不讓自己被固定的觀念、價值、法則困住，如此，大腦就會跟一顆一直轉動的石頭一樣，永遠保持它的光滑明亮。

唯有讓你的頭腦成爲一顆滾動的石頭，時時充滿創意，你才不會被時代的洪流淘汰。

看透事理，才不會被謊言蒙蔽

為自己的好處而說謊是欺詐，為別人的好處而說謊是蒙騙，懷有害人之意而說謊是中傷，這是最壞的謊言。

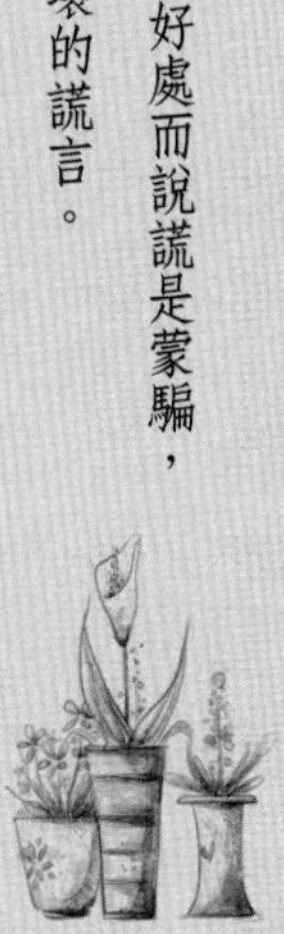

莎士比亞在《亨利四世》這齣戲劇裡寫過這麼一段話：「謠言會把人們所恐懼的敵方軍力增加一倍，正像回聲會把一句話化成兩句話一樣。」

謠言確實是個不容輕忽的東西，除非你能完全置之不理，不被影響，否則謠言一旦傳了出來，就好像在人的心裡種下懷疑的種子，當猜忌這個養料供給夠充足，事情可能就會不可收拾。就如同錢鍾書在《圍城》一書中所說：「兩個人在一起，人家就要造謠言，正如兩根樹枝相接近，蜘蛛就要掛網。」

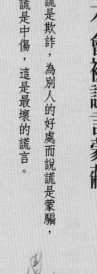

謠言是如此容易出現，就像蛛網一樣，讓我們不可能完全逃開，就算毫不猶豫地衝了過去，也不免會被搞得灰頭土臉。

解決方法，可能就要聽聽英國詩人雪萊的說法，他說：「對別人的一切，不要信以為真——有人可能為了圖利而欺騙你們。」

戰國時代，有一回，魏國的太子必須被交換到趙國都城邯鄲去作爲人質，魏王決定派遣大臣龐蔥陪同前往。龐蔥一直受到魏王重用，但他很擔心此行前去趙國之後，會有人在背後說他壞話，使魏王不再信任他。爲此，臨行時特地到王宮裡拜見魏王，有點憂愁地問道：「大王，如果有人向您稟報說，街市上有老虎正在逛大街，您相信不相信？」

魏王立刻回答說：「我當然不相信。」

龐蔥接著又問：「如果，又有第二個人也向您稟報說，街市上有一隻老虎在閒逛，您相信不相信？」

魏王遲疑了一下說：「我可能將信將疑。」

龐蔥緊接著問：「要是有第三個人也向您報告說，街市上出現了一隻老虎，這時您相信不相信？」

魏王邊點頭邊說：「既然有三個人這麼說，那麼我可就不得不相信了。」

龐蔥上前分析說：「但是大王，街市上沒有老虎，這是明擺著的事，不過有三個人說那裡有虎，便眞的有虎了。如今我陪太子去邯鄲，那裡離開我們魏國的都城大梁，比王宮離街市要遠得多，再說背後議論我的，恐怕也不止三個人，希望大王今後對這些議論加以考察，不要輕易相信。」

魏王聽了回答：「我明白你的意思了，你放心陪公子去吧！」

龐蔥去趙國不久，果然有人在魏王面前說他壞話。剛開始魏王不信，後來說他壞話的人多了，魏王竟然相信了。等龐蔥從邯鄲回來後，便果眞失去了魏王的信任，再也沒被魏王召見。

龐蔥擔憂自己身在趙國，一旦有人在魏王身邊進讒言，自己沒有辦法馬上辯駁，如果次數一多，魏王可能會信以爲眞，而對他有所猜疑，所以他先以「三人成虎」的故事勸說，希望魏王能明察秋毫，不妄下斷言，可惜遠水救不了近火，龐蔥果然遭到誣陷而受到魏王猜疑，漸漸疏遠。

所謂「謠言止於智者」，這是希望大家不要道聽途說，以訛傳訛，因爲謠言的散佈實在太過容易，而且有時謠言聽多了反而以假亂眞，大家竟然分辨不出何者爲眞，何者爲假了。這也就是爲什麼以前的人老愛說「眼見爲憑」這句話，因爲如果不是親眼看到，實在也難以確定到底事情的眞相是什麼，到底誰說了眞話，誰又是在唬弄大家。

盧梭把謊言分成了好幾類：「為自己的好處而說謊是欺詐，為別人的好處而說謊是蒙騙，懷有害人之意而說謊是中傷，這是最壞的謊言。」

我們的生活周遭可能就充斥著無數的謊言，能夠秉持著清明的理智去看透事理，就不至於被謊言所蒙蔽。如果我們不希望自己遭到奸詐小人蒙蔽，或者受到有心人士的謠言鼓動，那麼或許第一要件就是不要相信未經證實的傳言。

改變環境就能改變人生

若要強迫他人依照我們的路子去走，枉顧他人的意願，那麼所得到的回應肯定只有反抗和虛情假意。

「望子成龍，望女成鳳」是人的天性，每個父母都希望自己的子女成龍成鳳，不希望孩子輸在起跑點上，所以花了大把鈔票找補習班、選學校、挑老師，爲的就是希望給孩子一個最優秀的環境。只是，在大人一頭熱的結果之下，往往會忘了問問，孩子心裡到底是怎麼想的。

古今中外諸多例證，可以證明環境對人類的影響，其中對兒童教育影響特別深遠。例如，孟子的母親爲了教育子女，特別爲他選擇了合適的居住環境，讓他得以安心讀書，用心學習。在環境的薰陶之下，加上母親的不斷督促，孟子果然認眞學習，終有所成。

大家對於「孟母三遷」的故事應該都耳熟能詳吧！

孟子，姓孟名軻，是中國戰國時代著名的思想家和教育家，三歲的時候喪父，由母親撫養長大。孟母是個很有教養的婦女，爲了把兒子培養成爲有用的人，非常重視對他的教育。

當時，孟家附近有一片墓地，出殯、送葬的隊伍經常從他家門前走過。於是，孟子經常模仿隊伍中吹鼓手和婦女哭哭啼啼的樣子，還不時到墓地上玩死人下葬的遊戲，在地上挖一個坑，把朽木或腐草當做死人埋下去。

孟母對兒子這樣學喪家玩耍的模樣很生氣，認爲玩樂沒有出息，不利於他讀書，便把家遷到了城裡。

城裡沒有墓地，於是孟子再也沒有玩埋死人遊戲的環境了。接下來，孟母便要兒子熟讀《論語》，將來成爲一個像孔子那樣的賢人。

剛開始，孟子還能靜下心來讀書，但日子久了，他的心思又浮動了起來。原來他家處於鬧市，打鐵聲、殺豬聲、喊賣聲終日不斷，聽著聽著，他就讀不下去了。接著，他又和小夥伴玩起了做買賣的遊戲。孟母覺得在這個地方居住，確實很難集中心思讀書，便再次搬遷到城東的學校對面居住。

學校周邊的環境果然不一樣，經常書聲琅琅，一派讀書氣氛，孟子果然安下心來讀書。他不時地還向學宮裡張望，看看裡面的學生是怎樣讀書，又是怎樣跟隨老師演習周禮的，回到家裡，竟也模仿起來。

一天，孟母發現兒子在磕頭跪拜，以爲他又在玩埋死人的遊戲了，不禁板起了臉，後來聽兒子說是在演習周禮，頓時眉開眼笑。

不久，她將孟子送進了學校，有系統地學習《詩經》、《尚書》，成長更爲快速。後來，他終於成爲僅次於孔子的名儒。

孟母三遷的故事之所以令人信服，就在於孟母雖然希望孩子走上學聖的道路，但她只是去安排了適當的環境，真正決定要學書習禮的人還是孟子個人。

的確，唯有當孩子自己認同學習是一件快樂的事、有趣的事，他才能真正將所學到的事物，吸收成爲自己的養分。

最近很多人在談教改，換個部長就換個改革的方向，整個教育政策幡然改圖，一群群青春學子就在成人的會議桌上，像娃娃一樣操縱來操縱去，難怪有越來越多的孩子顯露出偏差行爲，讓這些自以爲是的大人頭痛。

不管政策怎麼訂，做決策的人應該要把孩子放在心上，因爲孩子才是真正要在這個體制下呼吸的人，應該要有人去聽聽孩子的聲音吧！

他們或許學識不夠，或許經驗不足，但是他們的感受卻是真真實實的，成人不應該將之摒除在外。

棒球界的名人王貞治，自己就坦承不愛唸書，只愛打球，他說：「強迫不愛讀書的孩子讀書，那是沒有多大意義的。我之所以敢這麼說，是基於我自身的經驗。如果我沒有打棒球的能力，我的人生很可能是極其平凡的。」

雖然王貞治沒有顯赫傲人的學歷，但是他在棒球界的成績卻是有目共睹的，不知有多少學歷傲人的人也是他的瘋狂球迷呢！

羅曼．羅蘭有一句話說得很好：「你以為使孩子喜歡或不喜歡的事物，絕不是孩子真正喜歡或不喜歡的。」

任何人一廂情願的想法或許難免，但是，若要強迫他人依照我們的路子去走，未免就失了尊重。失去了尊重，枉顧他人的意願，那麼，我們所得到的回應，肯定就只有反抗和虛情假意。

因爲我們能做的，只是提供一個環境、一個氣氛，把樂意的人拉進來，如此而已。所謂環境薰陶勝過塡鴨壓迫，就是這樣的道理。

孩子有孩子的道路，孩子有孩子的人生，父母師長能做的只是指引出一個方向，要怎麼走，要往哪裡走，是該由孩子自己去決定的。

即使是小處也絕不馬虎

做人做事的基本原則是，即使是小處也不能馬虎。光是會編織美麗無比的樓閣幻想，那麼夢想可能永遠只是虛幻的夢想。

埃及哲人狄摩西尼說：「小的機遇往往是偉業的開始。」

前蘇聯政治家列寧說：「不要成為一個光想做大事情的空想家。要做一個善於同小要求結合起來的實是求是的政治家。這種小事情有助於爭取大事情，我們認為做小事情是爭取做大事情最可靠的階段。」

任何一件小事，也有可能累積而變成爲大事。因此，與其空抱著遠不可及的夢想，不如由自己觸手可及的足下開始做起。

貫徹這樣的想法，才是邁向成功最好的方法。

孔子的弟子言偃，字子游，對於禮樂之道相當重視，也一向最認眞學習。後來，他有機會到武城（在今山東費縣西南）做官，但他並不因爲這只不過是一座小城就隨便，反而照樣倡導百姓習禮作樂，要求他們經常彈琴唱歌。

一次，孔子帶著幾個弟子外出，經過武城，聽到那裡到處是彈琴唱歌之聲，便微笑著說：「殺雞哪用得上宰牛的刀？」

孔子的意思很明白，武城是個小地方，而禮樂屬於大道，治理這樣一塊小地方就施用禮樂大道，就好比用宰牛的刀去殺雞，不免是小題大做。

但是，言偃卻對孔子的說法相當不以爲然，他提出疑問：「從前老師教導我們，統治百姓的人學了禮樂的大道，就會懂得愛護百姓，而百姓學了禮樂的大道，就會變得容易驅使。難道老師的這個教導對武城是不適用的嗎？」

經言偃這一問，孔子頓時醒悟過來。於是，孔子轉身對隨行的弟子們說道：

「你們注意了，言偃說的話是對的。我剛才說的『殺雞哪用得上宰牛的刀』，不過是跟他開玩笑罷了！」

子游的可貴之處，在於能由小處做起，即使是治理小小的縣城，也將自己所學的儒家思想與精神融入其中。

或許，這麼做真的是小題大作，但是重要的是其中的心意，萬事萬物都是由小處累積而起，隨著理念的推廣，能夠接受儒家禮樂制度的民眾愈來愈多，將來必定能夠向上影響，讓社會逐漸趨於安定。

雖然，武城只不過是一個小小的城邑，但是治理的原則，對於大地方和小地方又有什麼樣的差別呢？

如果這個原則連武城這樣的小地方都沒有良好的成效，那麼是不是該反過來思量是否原則出了問題呢？

這樣的論點，連孔子也無法不信服了吧！否則豈不是自打嘴巴嗎？畢竟這些大道理都是孔子自己提倡的。

所謂的原則或方法，必須加以實踐才有意義。

德國思想家歌德就相當強調實踐的功夫，他曾經這麼說過：「人們在那裡高談天啟和靈感的東西，而我卻像首飾匠打造金鎖一樣，精心地勞動著，把一個個小環非常合適地連接起來。」

做人做事的基本原則是，即使是小處也不能馬虎。光是會編織美麗無比的樓閣幻想，那麼夢想可能永遠只是虛幻的夢想，但是，一步一步腳踏實地把每一件小事做得盡善盡美，那麼累積起來必然是相當可觀的成就。

將挫折轉變成向上的力量

唯有靠自己的力量走出悲傷的陰霾，不被沮喪束縛住，我們才能堅持不輟地往我們希冀的目標走去。

所謂的「厚黑心理學」，從負面的角度解讀，當然會得出負面的觀感，但是，只要我們從正面的角度解讀，就會知道它意味著積極的人生態度，也就是爲了達成人生目標，不管遭遇什麼挫折，都能堅忍不拔。

每個人都有自己想要努力的目標，而且對於這個目標充滿「衣帶漸寬終不悔」的執著，就算沒得吃、沒得睡也甘之如飴。然而，當目標之前出現了阻礙，幾番努力卻嘗盡失敗，那麼，你還會執著這個目標與夢想嗎？

有人說，信念是恆久不變的意念，一個人的人信念，照理說是不太可能輕易地變動，除非這個人本來就不是個意志堅定的人。

爲了完成自己的信念，我們勢必得咬緊牙關，再大的阻礙也得想盡辦法去移除，這才是對得起自己的做法。

只不過，挫折沮喪在所難免，與其苦情地暗嘆老天不公，何不試著將生命中不得不出現的種種挫折轉變成一股向上的力量，帶領我們超越自我，也超越難關。

李白是唐代著名的大詩人，傳說少年時代，曾經做過一個奇特的夢，夢見自己使用的筆，筆頭開出鮮豔的花朵，一張張白紙自動飛到他眼前。李白高興極了，就抓起妙筆飛快地寫了起來，落在紙上的卻是一朵朵盛開的鮮花。

後來，李白刻苦讀書，並且深入社會生活，遊歷中國名山大川，果然文筆不凡，創作了大量的不朽詩篇。

他熱情歌頌了雄偉、壯麗的國家，更揭露了腐朽黑暗的封建社會。他的許多著名的詩篇，流傳千古，至今仍被中外讀者吟詠傳頌。

李白一生雖然流離失意，但因爲曲折離奇的遭遇與豐富的社會體驗，給了他諸多靈感，寫下無數動人詩歌。

不過，在他性格中豪放不羈的另一面，也就是頹廢放蕩與玩世不恭，亦即輕率多於嚴謹，這一點也反映在他的作品上，以他的詩文內容來看，多是反映民生疾苦與社會問題，但其中令人感到沈鬱蒼涼的就不多了。

人，可以活得快樂，也可以活得不快樂；快樂的人懂得如何排解自己的情緒，淡忘生命中的不幸，讓自己活在正面的陽光之下。

李白的才氣是大家公認的，可是在現實生活中，他卻難以平步青雲，事事順利；這樣的際遇，在悲觀的人過來，恐怕早已傷春悲秋個不停了，沒有幾個人能像他一樣，寫出那般豪情的詩句。他的詩讓人明白，生活的悲與喜是來自於自己的想法，你覺得喜就是喜，你覺得悲就會悲了。

寫出《彼得潘》這部膾炙人口文學作品的作家詹姆斯．巴利說：「帶來陽光照他人生命的人，自己也會沐浴在陽光下。」

所以，何不試著讓自己學會用正面的眼光看事情，挫折的另一面不也可以說是一種考驗，一種修行嗎？

抱怨與自怨自艾，只有一點點的話，別人還會出聲安慰你幾句，如果成天抱怨個不停，那麼遲早你周圍的人都會跑得一個不剩，因爲別人還想快樂地活上幾年，誰也不想被你的悲情傳染。

所以唯有靠自己的力量走出悲傷的陰霾，不被沮喪束縛住，我們才能堅持不輟地往我們希冀的目標走去。

即使遭逢困境也要記得微笑

失敗已經是既成的事實了，整天怨嘆時運不濟，抑或是遷怒他人，又有什麼用呢？倒不如仰頭一笑，收拾所有沮喪的想法，重新出發。

命運是一個奇妙的歷程，我們不會永遠一帆風順，也不會永遠乖蹇坎坷。人生的路途既長且遠，不會全部都是康莊大道，也不是全都滿佈荊棘，然而，就是因爲有了那樣的起起伏伏，生命才會變得耐人尋味，變得有樂趣。

人生當中，事與願違的情況相當多，英國作家毛姆說得好：「生命是很有趣的，往往你避之為恐不及的事，就偏偏讓你遇上了。」

記得有位中餐師傅說起學生時代的趣聞。有一次考試，他最怕的就是蝦餃這道費時費工的麻煩菜，天天睡前禱告希望自己不要抽到這個霸王籤，可是就那麼巧，他第一個抽籤，第一個就被他抽到了。然而，再怎麼怕，再怎麼不情願，抽到了就算硬著頭皮也得做出來，其實他並不是特別不會做這道菜，只不過是自己嚇自己罷了，最後他還是順利過關了。

美國作家路易斯．斯特朗說過：「與其咒罵黑暗，不如燃起一枝明燭。」不要害怕失敗，也不要逃避命運，而要坦然面對，現在吃的苦，日後回過頭來想，總會留有一絲餘甘。

孔子三十歲開辦私學，短短幾年就引來了大批求教的弟子。孔子雖然名氣不小、滿腹抱負，但是他官運卻始終不佳，直到五十歲那年，才被魯定公任命爲中都宰，主管中都（今山東汶上）這個地方。

孔子上任才一年，中都地方就已出現了太平的景象。過了一年，魯定公升他爲主管工程建築的司空，後來，又升他爲主管司法和治安的司寇。

但是，他擔任這些職務的時間並不長，五十五歲那年，他因爲對魯定公接受齊國所送的美女一事感到不滿，便憤而和弟子們離開了魯國。

孔子先後來到衛、陳、宋等諸侯國遊說，但這些國家的國君都不能接受他所提出的治國言論，於是他又來到鄭國。

不料，過程中出了一個意外，在鄭國都城的東門外，孔子和他的弟子們走散了，只好一個人孤零零地站在城門下等候。

當時，他的弟子子貢焦急地到處尋找孔子。有個鄭國人問他找誰，他急切地說：「喔，我在找我的老師，不知你是否見到他？」

那名鄭國人回答說：「東門口是有個老頭兒，形狀不倫不類，非常古怪。他腦門有點像堯帝，脖子有點像皋陶，肩膀有點像子產。不過，他那沒精打采的樣子，活像一條喪家之犬。不知他是否是你的老師？」

子貢趕緊來到東門，終於找到了孔子，子貢如實地將那個鄭國人描述的話說了一遍，孔子聽後笑著說：「他說我像這像那，倒是未必，不過，說我像喪家之犬，是說對了！說對了！」

從這個故事裡，我們可以看出一件事，就算是學識品德如孔子這般的賢哲，也難免會遇上挫敗與失望。

但是，失敗已經是既成的事實了，如果就此放棄理想，整天怨嘆時運不濟，抑或是遷怒他人，又有什麼用呢？

孔子周遊列國宣揚仁德禮義，但屢屢遭挫，幾番顚沛之下，不免狼狽至極，神情沮喪。所以，當那位鄭國人形容他是喪家之犬時，他倒不怒反笑，因爲那人不一定是惡意不敬，反倒是貼切地說出他們一行目前的處境。畢竟在春秋時代，諸侯交相征戰頻仍，大家都爲己私己利，根本沒有辦法接受儒家所倡的禮樂制度，所以他們正有如同喪家之狗般無人理會。

人生遭逢困境在所難免，如果因此消志，一蹶不振，那麼眞的沒有成功的機會了，倒不如仰頭一笑，收拾所有沮喪的想法，重新出發。別忘了，眼前的困頓只是過程，只要繼續堅持，美好的未來終將來到。

童話作家安徒生曾經說：「生命是美麗的！我們不要老垂著頭！勇敢地前進吧！」

不要放棄希望，不要被失敗打倒，從失敗中浴火重生，便意謂著我們已往成功的大門更進了一步。

以樂觀、進取的態度來訓練自己，就能讓我們的精神保持在良好的狀態下，積極發揮自己的潛力，克服人生旅途上的種種困難與障礙。

揚起頭，我們就能發現周遭奇山麗水的風景；回首望，就能看到我們曾做過的努力已爲我們留下美麗的足跡。

到那時，到達頂峰的我們，將會有看不完的壯闊景象。

想抄襲，也要有一點創意

我們都可以把別人當成學習的榜樣，但是至少要有點創意，發揮自己的想像力，去鍛鍊、去塑造屬於我們自己的法則和風格。

曾經，我們有過一個不名譽的稱號，叫做「海盜王國」，指責許多不法商人未經他人同意就將別人的產品仿製，以此謀利。

「見賢思齊」原本是一種自我激勵，可是向巨人看齊學習是一回事，模仿巨人作爲是一回事，而把別人的作品原封不動地佔爲己有，那就是竊盜的行爲了。學習或模仿是爲了青出於藍，從仿效的過程中創造出自己的風格，如果把模仿當成目的，一味地抄襲，那就是低能的象徵了。

不管模仿或者參考，都只是人生的第一階段，畢竟我們一定得承襲別人的智慧，才能激盪出新的觀念與想法。但是，在模仿的同時，必須灌注自己的創意，才能有所突破，否則就變成抄襲了。

此外，在寫作論文，引述別人的文章、見解時，至少要對原創者表示一點尊重與敬意吧！通篇照抄、斷章取義，還不敢註明出處，實在不是君子的行爲。再說，如果被明眼人一看，露出了馬腳，那可就不只是鬧笑話而已。

在《唐詩紀事》裡面有過這麼一個故事。

據說棗強縣的縣令張懷慶，喜愛沽名釣譽，經常抄來名士的詩文，把它改頭換面一番，冒充自己的作品，然後毫無顧忌地將它展示出來給人家看。有些人明知不是他的創作，爲了討他歡喜，吹捧他幾句，他也沾沾自喜。

有一次，朝中一個名叫李義府的名士寫了一首五言絕句：「鏤月為歌扇，裁雲作舞衣。自憐回雪影，好取洛川歸。」

張懷慶讀了這首詩，手又癢起來了，於是提起筆來，毫不客氣地在每句前加兩個字，成爲七言絕句：「生情鏤月為歌扇，出性裁雲作舞衣。照鑑自憐回雪影，來時好取洛川歸。」

原詩寓意清晰，文字精練，經他每句添加兩字後，不但文理不通，讀起來也很彆扭，但張懷慶還自命不凡，親筆繕抄後四處贈人，可是李義府的詩早已衆所周知，他這番作爲果然鬧了不少笑話。

後來，人們借用詩人王昌齡、名士郭正一的文名，編了兩句順口溜來譏笑他，說他「活剝張昌齡，生吞郭正一」，嘲諷這種行爲，是「活剝」、「生吞」王、郭詩文的不良行爲。如此露骨的抄襲，根本就是拙劣的行爲，但張懷慶還沾沾自喜，實在令人不敢恭維。

抄襲他人的文章，斷章取義地拼湊在一起，是文人最爲不齒的事情，所以張懷慶因此得了惡名。

其實，臨摹也是一種學習方式，從他人的文章之中發現優點，加以學習效法，這是很自然的，但重要的是要融入自己的見解，才是眞正自己的作品，否則就如同張懷慶一般，模仿了空架子，只知東拼西湊，自己一點進步也沒有。

有不少歌手出片時，總是被包裝成某明星的接班人，有著明星臉，不管唱腔、打扮都像得不得了，有時還會出現眞假對決的局面。其實，聽衆的眼睛是雪亮的，耳朵是清明的，大家看得出來誰是眞正努力過，而誰又是老跟著別人的路走，最後必定能夠一見眞章。

有一個號稱自我創作的樂團，推出的歌曲被指稱與外國音樂團體的當紅歌曲雷同度達百分之九十，誰知，這個樂團非但不承認抄襲，還辯稱他們本來就喜歡該團體的曲風，也很崇拜他們，所以會效法他們的曲風創作並不奇怪。

或許，見賢難免會讓人有思齊的念頭，但是如果只是全盤照抄的話，恐怕是強盜行徑吧。不管做人做事，我們都可以把別人當成學習的榜樣，但是我們至少要有點創意，發揮自己的想像力，去鍛鍊、去塑造屬於我們自己的法則和風格，這才是眞正屬於我們的成就。

PART 10

有足夠的耐心 才能美夢成眞

當你有了足夠的耐心，
有了吃苦的決心，
有了堅持的毅力，
那麼，你想要的夢想，
才有可能經你的手進而變得真實。

掌握效率，才能贏得先機

在這個「時間就是金錢」的時代，只要你擁有比他人更多的智慧，就能比他人擁有更多成功的機會。

每個人都知道，在市場上，哪家公司先推出新的產品，那麼這家公司的產品就能獲得比較高的市場佔有率。

所以，若不想成爲市場中的「跟隨者」，「掌握先機」便成了最關鍵的致勝原因。至於掌握先機的首要條件，就是必須先掌握效率。

在德國，多數農民都以馬鈴薯作爲他們的主要農作物。

但是，當馬鈴薯收成的時候，有一件事情是最令農民傷腦筋的，那就是農民必須將馬鈴薯依形狀的大小，分成大、中、小三類，經過分類挑選的馬鈴薯，才能賣到比較好的價錢。

要將馬鈴薯分類卻不是一件容易的事，是一件很花時間，也很費人力的大工程。每到了馬鈴薯收成的季節，農民不但要出動家中全部的人手幫忙，而且往往還要忙上好幾天，才能把所有的馬鈴薯分類完畢。接著，才能把馬鈴薯裝上卡車，運到城市去販賣。

但是，有一位名叫漢斯的農民，卻從來不需耗費那麼多時間和精神，而且還能比其他人更早拿到市場上販賣。

村民們都很好奇：爲什麼漢斯的馬鈴薯從來不花時間分類，依然能賣到好價錢呢？

村民們問過漢斯很多次，可是他總是笑而不答。後來，村民們偷偷地跟蹤漢斯，才發現原來他把所有的馬鈴薯裝進麻袋後，直接丟上卡車，然後再選擇顛簸不平的山路走。

等到運到城裡的時候，馬鈴薯因爲沿途山路顛簸搖晃，小的自然而然就會落在麻袋下面，大的就留在上面了。漢斯因爲減少了分類的時間，所以才能在第一時間將馬鈴薯送到城裡，賣到好價錢。

激勵大師安東尼．羅賓提醒我們：「不管我們計劃要做什麼事，事前的觀察與反覆推敲相當重要。尤其與自己密切相關的事，更應該費心摸清楚，如此才可能做得更有效率。」

因爲有效率，所以當其他人在做一件事的時候，你卻可以同時完成兩件，甚至三件事；如此一來，你擁有的時間當然就比其他人還要多了。

在這個「時間就是金錢」的時代，除了比付出、比努力之外，更重要的是比智慧、比腦力。只要你擁有比他人更多的智慧，就能比他人擁有更多成功的機會。

失敗比成功更快樂？

人生本來就有高低起伏，你該慶幸自己還能有低潮，這表示你以前曾經風光過，以後也才會有東山再起的機會。

在快速變化的人生旅途中，或許每個階段，你的腦海都會浮現一些不同的想法。如果不懂得順應環境，不懂得適時修正自己的思考方式，那麼可能就永遠找不到自己的人生出路。

如果我們能清楚地了解自己當前的處境，以及未來將走向什麼地方，那麼我們就能更加睿智地判斷自己應該做什麼，自己又不該做什麼。

有一個十分上進的年輕人，從學生時代開始，便以爬上總經理的位置作為奮鬥的目標。

畢業之後，他進入了一家大公司，每天努力工作，甚至以公司爲家，晝夜不分地辛勤耕耘。

歷經八年的奮鬥之後，他終於得償所願，當上了這家公司的總經理。

當上總經理之後，他的生活變得更加忙碌不堪，過了一段時間，發現自己的創造力下降，原本充滿創意的腦袋，現在根本擠不出任何東西。

這樣的發現使他工作情緒低落，覺得自己就好像一部工作機器，永遠有簽不完的文件、看不完的公文，每天上班下班，周而復始不停地運轉著。

總經理這個職位雖然是他夢寐以求的，卻無法給他帶來任何工作上的成就感，他好懷念從前當小職員的那段時光，每天充滿鬥志，有著層出不窮的創意。

到底該怎麼辦呢？究竟是這個位置不適合自己，還是自己根本無法勝任這個位置呢？

在迷惘中，他去聽了一場演講，演講人說了一段話使他印象深刻：「不管你現在有多風光，有多少成就，先問問自己，十年後的你會變成什麼樣子？」

台上的演講人又說：「如果你看不見自己十年後的樣子，又或者你的想像並不是自己所期望的，那麼，這表示你現在的生活方式和工作態度都有問題，你必須重新調整自己的腳步和方向。」

當天晚上，這個總經理想了又想，試圖描繪出自己十年以後的樣子。他看見自己變成一個市儈的生意人，他的人生等同於報表上的投資損益比，唯一能讓他高興的只有鈔票和星期天。

他一點都不嚮往這樣的生活。

原來，實現夢想並不能保證快樂，眞正的成功是去做自己想做的事，過自己想過的生活。他終於明白，人生其實還有很多比當總經理更有意義的事情，於是他毅然決然地辭去總經理一職，讓自己從絢爛歸於平淡，重新去找一條眞正屬於自己的路。

失敗容易令人迷惘，成功也是一樣。

許多人達成多年的理想之後，卻突然頓失所依，沒有了前進的方向，成功的代價，原來是迷惘。

人生本來就有高低起伏，處於低潮時，你該慶幸自己還能有低潮，這表示你以前曾經風光過，以後也才會有東山再起的機會；當你站上高峰時，也不要笑得太早，許多人都是從這裡跌下來的。

成功時，先想想看十年後的自己會是什麼模樣，如果你仍覺得若有所失，那麼就先停下腳步，好好地想清楚吧！

用同理心來說服別人

你希望別人如何待你，你就必須如何待人，這是理所當然的事。從自身做起，用同理心考量他人，是化解紛爭的最佳藥方。

從競爭演變成意氣之爭，儼然成爲一個普遍的社會現象。人與人之間容易發生衝突，而主要的原因，可能就在於雙方並沒有站在對方的立場去想。

站在對方的立場上思量，運用同理心，是一個相當重要的心理策略。

「人同此心，心同此理」，同理心即是指站在別人的立場上，爲人設身處地著想。相對的，想取得對方的認同，「同理心」也是極好的切入點，因爲對方的心理受到掌握，也更能「對症下藥」，達到預定的目標。

如果雙方都能以同理心來考量對方的立場，那麼或許就能體諒對方的難處，也能讓對方了解自己的想法，彼此各退一步，爭執也就可以化解了。

戰國時代，秦國出兵攻打趙國。趙國只好向齊國求援，當時趙國由趙太后執政，齊國因而提出要求，必須讓趙太后的兒子長安君到齊國去做人質，才肯出兵。事情萬分緊急，但是任憑大臣們如何勸諫，太后始終不肯答應讓自己最疼愛的兒子到那麼遠的齊國去當人質。

最後，她更撂下話來，對左右的人說：「今後，倘若還有人敢來勸我，我定要吐他一臉口水。」

衆人沒辦法，只好請來趙國的老臣觸讋，看看他能不能說服得了趙太后。

觸讋進宮來晉見太后，太后心想這個老傢伙一定又是來勸自己的，不禁心中厭惡，臉上露出怒氣，等著藉他來發洩心中的怨恨。

但觸讋進來後，先是表示因年老體衰，未能多來看望太后而深感歉意，而後又拉雜地談起了家常，使太后以爲他是來看望她的，情緒也緩和了下來。

觸讋見此光景，便向太后說出了一件心事。他請求太后把他自己十五歲的小兒子舒棋安排在王宮衛隊，因爲他喜歡他，怎奈自己老了，此事就託請太后照顧。趙太后見這位老臣爲小兒子的事，請託得如此懇切，便問道：「你們男人家也喜歡自己的小兒子嗎？」

「比女人更喜歡。」觸讋回答。

「女人們才更疼愛小兒子呢！」趙太后不禁笑出聲來。

「我倒覺得您喜歡女兒勝過兒子，您對長安君的喜歡，根本比不上您疼愛女兒燕后。」觸讋趁機說道。

「不，你弄錯了，我最喜歡長安君。」太后坦然地說。

觸讋覺得時機已經成熟，便轉入正題，對趙太后說：「您喜歡女兒，所以她出嫁到了燕國，您祈禱上天，希望她不要回來，指望她生個兒子繼承王位，您這是爲她的長遠利益考慮。但對長安君，儘管您賜給他許多金銀，但卻不讓他去替國家建立功勞，將來怎麼會有做君王的威望呢？您根本沒有替長安君做長遠打算，所以我認爲，您喜歡長安君，比不上喜歡燕后。」

趙太后聽了這番話，想了想也覺得頗有道理，便同意了大臣們的意見，讓長安君去齊國做人質了。

觸讋心知趙太后愛子心切，深怕長安君此去將受到欺侮，甚至有生命危險，於是以同樣護子心切的角度切入，說服太后爲長安君的未來著想，趙太后仔細地思索一番，才同意了這個決定。

如果雙方能夠換個角度來想眼前的問題，共同營造出大家能夠認同的互動方式，豈不是能皆大歡喜嗎？最怕的是把對方視爲敵人，從不肯眞心去了解對方，彼此的關係自然無法和諧。

用同理心想想吧，你希望別人如何待你，你就必須如何待人，這是理所當然的事。從自身做起，用同理心考量他人，是化解紛爭的最佳藥方。

尊重別人就是保全自己

眼前低下之人，未必永遠如此，如果抱持著輕侮之心，一旦看走了眼，反而自蒙其害。尊重他人，其實也是尊重自我，保全自己。

英國童話作家王爾德，寫過感人肺腑的文學作品《快樂王子》，從書裡所描寫的那位悲天憫人的快樂王子，我們也可以看出王爾德的眞實性情。

在書中，他曾說過：「絕不存有傷人感情心地的人便是君子。」

從他的話裡我們可以很清楚地知道，眞正的謙沖君子，是要擁有一顆寬容體人的心，因爲沒有一個人有權可以恣意地去傷害別人。

不管對方是誰，是什麼樣的人物，有什麼樣的身分地位，我們都應該以同樣的態度去對待他，不應嫌貧愛富，不應尊榮鄙賤。

能做到這樣的人，就是眞正品德高尙有修養的人。

戰國時，魏國的范雎很有才幹，一心想要謀得一官半職，但是因爲家裡實在太過窮困，又沒有適當的管道，只好先在中大夫須賈手下當差。

有一年，須賈奉魏昭王之命出使齊國，范雎也隨同前往。他們雖然在齊國耽擱了好幾個月，事情還是沒有結果。

當時，齊襄王見范雎口才很好，命人賞賜給他黃金和酒，但范雎立即表示不敢收受。這件事被須賈知道後，卻以爲范雎做了背叛魏國的事，後來回到魏國，就把這件事向相國魏齊報告。

魏齊聽了大怒，下令門客將范雎的肋骨打斷、牙齒打落。

范雎只得裝死，最後被丟在廁所裡。幸好靠著看守人的幫助，才得以逃出，改名張祿躲藏了起來。

不久，秦昭王派王稽出使到魏國，想物色人才。經人輾轉介紹，范雎終於見到了王稽，並秘密乘上他的車逃出魏國，在秦國安頓下來。

范雎依靠自己的才智，很快地得到秦昭王的信任，官拜相國。不過，秦國的人只知道他是從魏國來的張祿。

魏國聽說了秦國有意向韓國和魏國進攻，便派須賈爲使臣到秦國請和。范雎得知後，決定伺機報復。

他穿了一身舊衣服，前往賓館求見須賈，說自己是打短工的。

須賈本以爲范雎已死去，不料卻在秦國碰面，因此大吃一驚，也有點可憐他一身破舊，就招待他一頓酒飯，最後還送給他一件用粗絲織成的袍子。

交談間，須賈特意詢問范雎是否知道秦國的相國張祿，並說聽聞張相國是秦王的寵臣，天下大事都由他決定，這回來秦國的任務能否完成，也全在張相國，還問范雎是否有人與張相國熟識。

范雎說，他家主人與張相國很熟，就是他自己也可以求見張相國，須賈便馬上請他代爲引見。

范雎拉來四馬大車，親自為須賈駕車驅趕，直接進入相國府。府裡的人望見了范雎，都趕緊迴避，來到了內廳門口，須賈才弄清楚，原來范雎就是張相國。

這一驚非同小可，嚇得他趕緊剝脫衣服，露出肌肉，跪在地上用膝蓋爬行，請求侍從們代他認罪求情。

一會兒，范雎一身華服坐在帳幕中接見須賈，身旁站列著很多隨從。須賈磕著頭自稱「死罪」，並說：「我須賈想不到您能自己衝上青天。從此以後，我不敢再談天下大事，不敢再過問天下的政治。我有該煮該烹的死罪，自願請求放逐；是死是活，全聽候您的處分。」

范雎列數了他三條罪狀，並說今天饒了他，是因為那件粗絲織的袍子，以及老朋友戀戀不捨的情義。說完，便下令撤去接見的排場，叫須賈回去。

范雎受到了才名之累，引起了須賈的懷疑，因而遭到不平的待遇，險些命喪黃泉。幸好他大難不死，反而獲得賞識提拔，為秦昭王任命為相。

當他與須賈再度碰面，仇人相見，分外眼紅，不免興起報復的念頭，待須賈發現之前落魄的范雎已登上青雲，且操持魏韓兩國的生死，心中的驚嚇可想而知。所幸范雎並非絕義之人，因爲須賈看見范雎衣著襤褸時，並無落井下石的舉動，反而以衣相贈，於是，便饒他一命，但求和一事自然毫無所成了。

范雎靠著自己的力量重新站了起來，所以更加難忘當年須賈和魏齊加害於自己的景況，胸口怒氣積壓了好幾年，總算是洩了一口怨氣。

當年須賈不辨是非，未經查證就認定范雎有罪，他的無知差點害了一個無辜的人被殺害，這是他的罪過。然而，他的出發點乃是爲國爲家，加上後來他發現范雎並未死亡，也表現出同情之心，也就是因爲這樣的表現，才讓足以操縱他生殺大權的范雎決定放過他。

希臘哲學家亞里士多德說：「對上級謙恭是本分，對平輩謙遜是和善，對下屬謙遜是高貴，對所有人謙遜是安全。」

如果，當時的須賈能夠將這幾點都做足，也不至於會失了策，以致於後來樹立了大敵而不自知。

俄國文豪杜斯妥也夫斯基曾經說：「人生最重要的是，失敗時應咬牙忍耐，成功時莫過於得意。」

范睢若不能把握這樣的道理，記取自己過往的教訓，日後他也不過會成爲另一個魏齊與須賈，還有哪一個范睢會遭其毒手，也還是未知數。

眼前低下之人，未必永遠如此，如果抱持著輕侮之心，一旦看走了眼，反而自蒙其害。最爲妥善的方法，就是保持對所有人謙和有禮的態度，尊重他人，其實也是尊重自我，保全自己。

有足夠的耐心才能美夢成真

當你有了足夠的耐心，有了吃苦的決心，有了堅持的毅力，那麼，你想要的夢想，才有可能經你的手進而變得真實。

有位哲人說過一句值得我們深思的話語：「一個人可以擁有一碗的知識，一桶的賢明，以及像大海一樣多的忍耐。」

很多事情都不是輕輕鬆鬆就能獲得的，如果沒有足夠的耐心，如何能順利克服成功之前的種種阻礙？

想要美夢成真，首先必須訓練自己的耐心。

張良，字子房，原本是韓國的公子，後來韓國被秦國所滅，他也因爲在博浪沙行刺秦始皇未遂，只好逃到下邳這個地方，改名爲張良，躲了起來。

有一天，張良來到下邳附近的圯水橋上散步，在橋上遇到一個穿褐色衣服的老人。那老人的一隻鞋掉在橋下，看到張良走來，便大聲吼叫道：「喂！小伙子！你替我去把鞋子撿起來！」

老人態度極不禮貌，張良心中雖然很不痛快，但看到對方年紀很大，不想與他爭論計較，便下橋把鞋撿了起來。

那老人見了，又對張良說：「來！給我穿上！」

張良見狀更加不高興，但轉念一想，自己連鞋都已拾起來，爲他穿上也無妨，便恭敬地替老人穿上鞋。

豈料，老人站起身，一句感謝的話也沒說就轉身走了。

張良愣愣地望著老人的背影，只見那老人走了一段路後，突然返身回來說：

「你這小伙子很有出息，値得我指教。五天後的早上，請到橋上來見我。」

張良聽了這番話，連忙答應。

第五天早上，張良趕到橋上。老人已先到了，生氣地說：「跟老人家約定要會面，應該早點來才對。再過五天，早些來見我！」

又過了五天，張良起了個早，趕到橋上，不料老人又先到了。

老人說：「你又比我晚到，過五天再來。」

又過了五天，張良下決心這次一定比老人早到。於是，他剛過半夜就摸黑來到橋上等候。

天色濛濛轉亮時，他看到老人一步一挪地走上橋來，趕忙上前攙扶。

老人這才高興地說：「小伙子，你這樣才對！」

老人說著，拿出一部《太公兵法》交給張良，說：「你要下苦功鑽研這部書，鑽研透了，以後可以成爲帝王的導師。」

張良再次對老人表示感謝，老人揚長而去。

後來，張良研讀《太公兵法》很有心得，也成了漢高祖劉邦手下的重要謀士，爲劉邦建立漢朝立下了汗馬功勞。

張良雖然覺得老人無禮的要求很爲難，但本著敬老尊賢的心態，也不多加計較，還是一一完成了老人的要求。

老人故意態度惡劣，是爲了要測試張良心性是否能夠穩重鎮定，不妄下判斷，張良的表現令老人相當滿意，受到老人糾正過的，便決心改正不再犯，老人由此看出張良的資質及能耐得了苦的性格，才決定授他兵法。

做人做事也是如此，唯有能夠虛心受教、認眞學習，才能眞正瞭解別人所要傳達的知識和經驗，也才能有所獲得。

奧地利作家卡夫卡曾這麼說：「忍耐是唯一真正可以使人的夢想變為真實的根本。」

當你有了足夠的耐心，有了吃苦的決心，有了堅持的毅力，那麼，你想要的夢想，才有可能經你的手進而變得眞實。

等待機會不如尋找機會

如果我們手比別人短些，眼睛比別人鈍些，跳得又不高，機會怎麼也抓不著，那麼不如多花點力氣自己來創造一個機會吧！

法國作家拉羅什富科曾經說：「要成為一個偉人，就應懂得利用所有的機會。」

這句話說明了把握機會的價值與重要性，懂得把握機會的人，就像是知道如何乘著浪頭風勢前行的風帆選手，不只能夠得到適當的助力，只要控制得當，還能因此先馳得點，比別人早一步成功。

可是，機會是不可能平白從天上掉下來，被砸中的機會更是渺茫，人們只得先出手，以求能得到更多的機會。

如果，你自認運氣不夠好，等了好大半天，機會都不來一個，那麼與其坐著枯等，還不如學學毛遂自己來找機會、創造機會。

西元前二五一年，秦國的軍隊包圍了趙國的都城邯鄲。趙王派遣相國平原君出使楚國，要求楚考烈王與趙國聯合起來抗擊秦國。

平原君打算從食客中挑出二十個有謀有勇的人，隨同他前往楚國。在他總算挑出十九人後，剩下的一個名額卻一直找不到合適人選。

這時，有位名叫毛遂的食客，向平原君自我推薦：「主上，聽說您要帶領二十人前往楚國，現在尚缺一人，請您讓我來湊滿數吧！」

平原君對毛遂的爲人與能力並不熟悉，於是問他：「先生來到我門下有幾年了？」

毛遂回答：「已有三年了。」

平原君聽了頗不以爲然：「一個有本事的人在世上，就好比一把錐子裝進口袋內，馬上可以看到錐尖戳破口袋鑽出來。你來這裡三年了，我卻從未聽過有別人稱讚你的話，可見你其實一無所長，我想你不適合去，還是留下吧！」

但毛遂卻回答：「如果您早日將我放進口袋，那麼不僅是錐尖會鑽出口袋，恐怕整個錐子會像禾穗那樣挺出來呢！」

平原君說不過他，只好同意他隨同前往。

途中，同行的人與毛遂交談過程中，漸漸發現他是個了不起的人物，都很欽佩他。原來，平時語不驚人、貌不出衆的毛遂，其實是個能言善辯的人。到了楚國之後，他和同行的談論起天下大事時頭頭是道，大家對他的學問和辯才也都佩服不已。

不料，平原君的磋商過程並不順利，楚王不願出兵聯合抗秦，兩人從早晨一直談到中午，還未談出結果，毛遂便自告奮勇上殿去看看情況。楚王聽說毛遂只是平原君門下的食客，便斥聲要他退下台去。

毛遂卻不慌不忙按著劍從容不迫地走上了台階，大聲說道：「大王之所以敢當衆叱責我，是因爲仗著楚國人多勢衆。但如今大王與我相距在十步之內，楚國縱然強大，大王也倚仗不著，因爲您的性命掌握在我毛遂手裡，楚軍再多也沒有用！」

楚王被毛遂突如其來的舉動嚇呆了。

接著，毛遂義正詞嚴地從歷史到現實分析了楚、秦兩國的關係，說明趙國派使臣來締約聯合抗秦，乃是對趙、楚雙方都有好處，道理是如此清楚明白，楚國實在沒有理由反對。

楚王覺得毛遂說得有理，於是與平原君一起舉行締約儀式，答應聯合抗秦。就這樣，聯合抗秦的大事終於圓滿辦成。

當平原君等人回到趙國後，一談起毛遂這次的功勞，不禁感慨萬分地說：「我今後再也不敢自恃能識別人才了。我鑑識過的人才，就算沒上千人，少說也有幾百人。自以爲天下眞有本事的人都逃不過我的眼睛，但卻偏偏沒有看出毛遂先生的才幹。毛先生一到楚國，對楚王的那一席話，勝過了百萬雄師！」

從此，毛遂受到了平原君的重用，被奉爲上賓。

英國實業家兼激勵大師史邁爾斯在《自助論》一書中說道：「如果良機不來，你就自創良機。」

美國鋼鐵大王安德魯．卡內基也引用《智慧的錦囊》裡的話說：「能把面前行走的機會抓住的人，十次有九次都會成功，但是懂得為自己製造機會，阻絕意外的人，每次都穩保成功。」

毛遂原本一直苦無機會發揮自己的才幹，但他並不因此喪氣，不斷磨練自己的學問與口才，所以當他終於有機會爲平原君效力的時候，便一舉讓大家知道他的眞才實學。

他很清楚知道自己的能力在何處，當然不願意甘於當個平凡食客，因此當機會出現，他便挺身而出，果然有了很好的表現，令人刮目相看。

他的口才極佳，善言能辯，是極爲優秀的外交人才，在楚國殿上，勇氣十足，反而以氣勢壓過在場衆人，條條有理地分析天下的局勢，不卑不亢地陳述平原君的來意，並分析楚國幫助趙國可獲得的好處，動搖楚王的心防，終於得以圓滿地達成了任務，也證實了自己的能力不是憑空吹嘘。

如果毛遂自始至終都在苦等平原君的青睞，那麼他可能從頭到尾都只是一名沒沒無聞的小食客，令周遭的人看輕。

如果我們手比別人短些，眼睛比別人鈍些，跳得又不高，機會怎麼也抓不著，那麼不如多花點力氣自己來創造一個機會吧！

以平常心看待福禍

不管是好兆頭或是壞兆頭，在解讀之時都不要膨脹過頭，也不要隨之起舞，生活也就會變得單純快樂多了。

「衰」是一種感覺，有的時候倒楣的事連環出現，彷彿什麼事都不順利、不圓滿，不禁讓人心裡覺得很沮喪，左思右想到底是什麼時候沒燒香拜拜，或是招誰惹誰了，才會變得這麼「衰」。

如果放任自己繼續沉浸在那種憂愁的情緒裡，只會讓這種感覺繼續加乘下去罷了，最後什麼事都不能讓我們感到快樂，因爲心實在太過於沉重了。既然如此，爲什麼不一股作氣地把這種氣勢改變呢？

強迫自己換一個角度來設想，說不定可以見到另一番風景。

從前，在塞北漠原住著一名老翁，大家都稱他為塞翁。

一天，塞翁的兒子走失了一匹馬，馬逃到塞外怎麼找也找不到，為此感到很懊惱。附近的人知道後，都特地前來安慰，可是，塞翁卻毫不在乎地對大家說：「不過是逃失了一匹馬，又怎麼知道不是一件好事呢？」

大家根本聽不出他到底是什麼意思，只當他難過得昏了頭，不好再過問。

過了幾個月，那匹逃失的馬忽然自己跑回來，而且還帶回一匹高大的駿馬。附近的人知道了，又紛紛前來慶賀，大家都嘖嘖稱奇，原來塞翁有預言的能力呢，先前講的話可不是胡言亂語。

不料，塞翁一點也不感到高興，反而冷冷地說：「逃失的馬回來了，還平白帶來一匹駿馬，又怎麼知道這不會成為一件壞事呢？」

大家聽了，心裡又都納起悶來，想這塞翁實在太怪了，明明是件好事，怎麼又去想到壞事呢？八成是人老糊塗了。

可是，沒想到塞翁又一語中的，原來他的兒子很喜愛那匹新來的駿馬，天天想著怎麼馴服牠。好不容易套上了馬鞍，不料野馬性情不定，有一次兒子不愼摔下馬，跌斷了腳骨，成了跛足的瘸子。

這件事一發生附近的人又都上門來慰問。想不到，塞翁又說了些讓人摸不著頭緒的話：「不過跌折了腳骨，又怎麼知道不會是一件好事呢？」

果然，一年後，塞外的匈奴興兵入侵，塞翁家附近的青壯年都得應召入伍作戰，結果沒多久大多數的將兵都戰死了，只有塞翁的兒子因爲跛腳，不需入伍打仗，父子二人都保全了性命。

走失了一匹馬，塞翁不以爲忤，因爲他相信天命自有定數，所謂物極必反，眼前的損失或許可惜，但也未必全是壞消息。

重新得回馬匹，又平白獲得一匹駿馬，衆人歡天喜地爲他恭賀，塞翁卻煩惱這可能是災禍的來源，果然他的兒子因此跛了腳，不良於行。

這個故事說明了人世的福禍互爲表裡，盛衰也是一體兩面。塞翁不以物喜，不以己悲，其實是一種豁達的想法。生活中很多事，看福是福，看禍是禍，能夠像塞翁一般以平常心看淡一切事物的福禍，其實也未嘗不是一件好事。

有位生活導師告訴我們：「如果一直到早上十點都能夠保持好心情的話，那麼一整天都能夠得心應手。」

想要快樂就必須要學會拋棄自怨自艾的念頭，遇到不好的事情，如果能轉念想想是否可以從其中學習到珍貴的教訓，其實也頗有意義，不是嗎？

把負面的想法拿來當作參考的基準，反正最壞不過如此，無論何時何處都能保持向上的姿態，原本「失」的想法，就能被轉換爲「得」。方法是人想出來的，就好像一名不擅長打反手拍的網球選手，就想辦法加快腳勁，追過了球，旋過了身，豈不又變成可以正手拍擊球的場面嗎？

不管是好兆頭或是壞兆頭，在解讀之時都不要膨脹過頭，也不要隨之起舞，生活也就會變得單純快樂多了。

第一印象就是征服的力量

第一印象就是征服的力量，所以，想要成功打入某一個團體，首先就要懂得投其所好，運用得當的話，在第一印象上就佔了先機。

想要有成就，必須要先有機會做事；要先有機會做事，才有機會把事情做好。所以，想要在這個社會上佔有一席之地，第一件事就是要先樹立好自己良好的外在形象，這個外在形象並不單單指一個人的衣著打扮，而是包含了行事的氣勢、態度……等等的總體形象。

藉由這個形象，就可以確定你是不是能夠得到比別人更多的機會，是不是能夠得到別人更多的信任。

成功地爲自己樹立了良好的第一印象，就意謂著透過待人處世，在成功之路的起點，安置了一塊墊腳石。

除了外在的服裝打扮之外，氣勢也是一個重點。

有一個故事證明了，什麼是眞正的「輸人不輸陣」，不管大家的底細如何，至少在表面上絕對不輕易示弱。

春秋時代後期，吳國國勢已逐漸強盛，吳王夫差想要成爲中原霸主，於是在西元前四八二年，帶領大軍來到衛國的黃池（今河南封丘西南），並邀約各國諸侯前來會盟，希望大家能推舉他爲天下共主。

爲了顯示吳國稱霸諸侯的實力，夫差在一夜之間便將帶來的三萬軍隊分成左、中、右三路，每路百行，每行百人，各擺成一個方陣，由他親自高舉斧鉞，以熊虎爲旗號，指揮中軍前進。

中軍全體將士，全都身穿白色戰袍，披上白色鎧甲，打著白色旗幟，插起白色箭翎，遠遠望去，好像是在遍野盛開的一大片白花。

左軍一萬將士，一律身穿紅色戰袍，披上紅色鎧甲，打著紅色旗幟，插起紅色箭翎，望去好像一片熊熊烈火。

右軍則全用黑色，猶如一片在地上快速移動的烏雲。

三路大軍，一起開拔到會盟地點附近之後，隨即擺開陣勢。天剛微亮，吳王夫差便親自鳴金擊鼓發號施令，三萬人一齊大聲吶喊，那聲音簡直像天崩地裂一般，驚動了與會的各路諸侯。

見到吳軍軍容如此盛大，軍威如此整肅，各國諸侯都不敢和夫差相爭，不得不承認吳國爲諸侯盟主。黃池之會，就在吳王夫差展示驚人氣勢的盛大軍容後，成功取得霸王的地位。

軍容整齊，同心一志，在氣勢上就已經能令對方震懾，不敢與之爭鋒。

吳王夫差爲了確立自己足以擔任霸主的地位，特命軍士擺出整齊劃一的陣勢，果然達到預定的效果；當時春秋諸國多已逐漸式微，見到吳國軍威如此興盛，也都認同了他的霸主地位。

「敬人先敬羅衣」這句話在高級百貨公司的專櫃小姐身上，印證得最爲徹底。彷彿只有打扮得像是上流社會人士的顧客，才能得到服務人員不一樣的對待；彷佛只有小費給得大方，才能看見服務人員的可掬笑臉。

當然，我們可以說這些人勢利，但是我們可曾想過，其實我們也是會對外表姣好、服裝儀容打扮得體的人另眼相待，總之，「以貌取人」就是一種人之常情。

第一印象就是征服的力量，所以，想要成功打入某一個團體，首先就要懂得投其所好，運用得當的話，在第一印象上就佔了先機。

故事中的吳國軍隊就是最好的例子，誰不知道安排「黃池之會」，目的就是要宣告吳國國力足以成爲天下共主，如果吳國將士個個懶懶散散，陣形稀稀落落，那麼誰會認同吳國的實力呢？

當然，吳國是不是眞正強國，總是得打了仗才會知道，但是他們光是軍容就可以整飭得如此整齊，可見得軍令的嚴明不容置疑，自認爲國力不如人的國家，當然就不敢隨便地捋虎鬚，而吳國也達到原本的目的。

只是，裝飾了表面之後，千萬別忘了要充實裡子，就像美國總統喬治．華盛頓所說的：「對於一個明智和懂事的人而言，衣著的第一要求應永遠是得體和整潔。適當地注意服飾是必要的，但這並不是說，如果一個人已經有了兩三件很好的衣服，只要流行的式樣稍有變化，就要做一件新上衣或其他衣服。一個熱衷於帶頭講時髦，或緊趕時髦的人，在明智的人看來，他除了經常更換衣服以外，就再沒有更好的東西能引起人們對他的注意了。」

當僞裝不幸遭人識破的時候，那麼就和赤身裸體沒什麼兩樣，丟臉可就丟大了。

愛要延續，得靠兩個人一起努力

想要延續彼此的愛，光憑一方努力是不夠的。唯有讓兩顆心貼近，尋覓出最妥善的相處模式，愛才不會被消磨殆盡。

轟轟烈烈的愛情，對某些人來說，具有莫名的魔力，總是讓周遭的人一起被瘋狂捲入，陪著他們一起愛得死去活來。只是，激情過後，情感如何延續，在在考驗著許多相戀的愛侶。

「相愛容易，相處困難」是許多過來人的感歎。兩個人如果想要天長地久，或許從戀愛時就得戴起一副「玫瑰色的眼鏡」，讓彼此之間，持續以愛來維繫，而不讓現實的折磨任意破壞。

葛瑞斯的視力變糟了，到醫院檢查後不得不配上一副老花眼鏡，否則別說閱讀了，幾乎連妻子衣服上的花色都看不清。

剛配好眼鏡回家，他急切切地追問妻子：「喜歡嗎？」

妻子皺著眉頭問：「喜歡什麼？」

葛瑞斯說：「我的眼鏡。」

妻子的反應令葛瑞斯覺得很有趣，她先是點頭表示好看，給了他一個輕吻，然後喃喃地說：「好奇怪，我都不知道原來你戴著眼鏡！」

這個問題之所以有趣，是因爲這並不是葛瑞斯第一次戴眼鏡，而是他第一次加戴一副老花眼鏡。

他忍不住打趣地說：「也許妳也該戴副眼鏡了。」

她楞了一下，然後紅著臉說：「討厭，我現在就戴著眼鏡！」

他們結縭近三十年，雖然葛瑞斯知道老婆的腰圍變粗了，一頭褐髮中摻進了灰絲，但在他眼中，她依舊像兩人相識時那般風情萬種。

葛瑞斯知道妻子也同樣深愛著自己，即使明白歲月在他們臉上、身上刻畫了痕跡，兩人依舊有著濃濃的愛。

事實上，一直到現在，葛瑞斯面對妻子的時候，還是有著年輕時期戀愛的感覺。他們把兩個人一起做的事都視爲第一次，明明已經出差過二十幾次的巴黎，帶著老婆去度假的時候，仍然有一次又一次新的驚喜；看過好幾次的電影，和老婆一起看的時候，好像又充滿全新的樂趣。

這些心情都不特別，只是一種深切愛一個人的表現罷了。就好像在戀人的眼球上，掛上一副隱形的玫瑰色眼鏡，什麼事都跟著浪漫起來了。

要是世間的男女都能像葛瑞斯夫婦這樣，只看對方的好處、優點，久而久之，對方的壞處和缺點，似乎更能包容，也就不會有那麼多紛紛擾擾了。

把對方最完美的一面刻畫記憶下來，不去關注對方變老變醜，甚至覺得這樣有另外一種成熟美，這就是愛的魔力。

兩個人，想要延續彼此的愛，光憑一方努力是不夠的。唯有讓兩顆心貼近，凡事除了站在自己的立場思量，也站在對方的立場考慮，漸漸尋覓出最妥善的相處模式，愛才不會被消磨殆盡。

所謂的夫妻臉，特別是結婚越久、越相愛的兩個人，看起來就會越來越相像，或許就是這個道理吧！

當兩個人分別讓對方融入自己的內心，兩個有缺角的圓就因爲彼此配合而變成了一個圓。

改變思考方式，才會有更好的出路

作　　者　黛　恩
社　　長　陳維都
藝術總監　黃聖文
編輯總監　王　凌
出 版 者　普天出版家族有限公司
新北市汐止區忠二街 6 巷 15 號
TEL / (02) 26435033 (代表號)
FAX / (02) 26486465
E-mail：asia.books@msa.hinet.net
http://www.popu.com.tw/
郵政劃撥 19091443 陳維都帳戶
總 經 銷　旭昇圖書有限公司
新北市中和區中山路二段 352 號 2F
TEL / (02) 22451480 (代表號)
FAX / (02) 22451479
E-mail：s1686688@ms31.hinet.net
法律顧問　西華律師事務所・黃憲男律師
電腦排版　巨新電腦排版有限公司
印製裝訂　久裕印刷事業有限公司
出 版 日　2020 (民 109) 年 5 月第 1 版
I S B N◉978-986-389-722-4　　條碼 9789863897224

國家圖書館出版品預行編目資料

改變思考方式，才會有更好的出路／
黛恩著.—第 1 版.—：新北市,普天出版
民 109.5 面； 公分. - (生活良品；16)
I S B N◉978-986-389-722-4 (平裝)

生活良品

16

普 天 之 下 · 盡 是 好 書
普天出版家族
Popular Press Family
淩雲文創
A-Plus Creative Company